이제 **5**차산업혁명을 꿈꾸자
너는 뭐먹고 살거니

이제는 5차산업혁명을 꿈꾸자

너는 뭐 먹고 살거니

임윤철 지음

✓ 정부R&D 30조원 투자를 하지만 '좋은 성과'가 안나온다
  - 투자규모는 선진국인데, 「기술사업화 메커니즘」은 후진국이다
✓ 개인과 스타트업이 앞장서야 선도형 비즈니스 생태계가 완성된다
✓ 100년 「한류」를 꿈꾸면서 Industry 5.0의 돛을 올리자

기술과가치

이제 5차산업혁명을 꿈꾸자
너는 뭐먹고 살거니

25년간 현장체험, 결론은 '우문현답'이다

1장 | 이런 질문에 '답'을 해보자

01 '불편한 진실'은 추격형경제의 그림자? ● 31

02 서울 한복판에서 땅꺼짐 사고, 오늘 운전해도 될까? ● 35

03 정부R&D투자만 선진국, 기술사업화는 후진국? ● 41

04 황금알 낳는 기업이 하루아침에 나오나? ● 47

05 고래싸움에 끼인 대기업, 믿고 가도 되나? ● 53

06 개인은 언제까지 노동자, 소비자만 할건가? ● 59

07 번아웃된 MZ, '소득크레바스' 베이비부머? ● 65

08 언제까지 '기·승·전·카페', '기·승·전·치킨집'이지? ● 71

09 개도국 지도자가 선진국 선수를 이끈다, 잘 될까? ● 77

2장 | 사람공부, 역사공부, 자연공부

10 시작과 끝 : 끄트머리 ● 87
11 생각을 바꾸자, '판(Frame)'을 바꾸자 ● 97
12 피라미드형 비즈니스 생태계가 필요하다 ● 103
13 100년 한류를 꿈꾼다, 대항해시대를 배우자 ● 109
14 새로운 개념의 설계와 이의 관철이 핵심이다 ● 117
15 '답' 구하러 나서야 '길'을 찾는다 ● 129

3장 | 이제 5차산업혁명을 꿈꾼다

16 핸드폰 빵빵터지고, 반도체를 생산하는 디지털 강국 ● 139
17 세계와 함께 숨쉬는 우리 젊은이들 ● 143
18 김예지와 일론 머스크는 원래 아는 사이 ● 149
19 무언가를 시작해야 하는거 아닌가 ● 155
20 기후재앙으로 멸망하는 호모 사피엔스를 막아야 ● 163
21 5차산업혁명을 대한민국에서 시작하자 ● 169
22 개인, 스타트업을 주요 경제 주체로 만들자 ● 175
23 싱귤레러티 시대니까 가능하다 ● 185
24 요노(YONO)족이 소비를 바꾼다 ● 191

4장 호모사피엔스에서 호모스타트업으로

25 누구나 할 수 있지만 아무나 해서는 안 된다 ● 199

26 언제고 시작할 수 있지만, 준비하고 시작하라 ● 205

27 세상이 관심갖는 사업주제가 좋다 ● 211

28 투자자가 부자되면 창업자는 저절로 부자된다 ● 215

29 계주달리기가 아니다, 농구게임이다 ● 219

30 기업가치도 중요하지만 손익분기점에 집중하라 ● 223

31 있는 법(法)은 지키고 필요하면 법을 만들어라 ● 227

32 겉으로는 IPO를 외치고, 속으로는 M&A를 생각하라 ● 231

33 '돈'의 흐름, Hungry 그리고 Foolish ● 235

마무리

25년간 현장체험, 결론은 '우문현답'이다
(우리의 문제는 현장에 답이 있다)

음료수 사러 편의점에 들어갔다가 외국 관광객 3명이 삼각김밥을 들고 사진을 찍고 있다. 인스타그램에 막 올렸는지 즐거워한다. 해외 출장 갔다가 공항 카트에 붙어 있는 대기업 광고(아마도 삼성이나 LG)를 보고 반가워서 그 카트를 모델로 사진 찍던 기억이 난다. 오늘따라 삼각김밥을 들고 사진을 찍는 외국인 관광객이 반갑게 느껴진다.

변방이었던 우리나라가 이제는 세계의 가운데에 서 있다. 2024년 파리 올림픽에서 외국인들이 "대~한민국"을 따라 부르고 우리말로 인사도 한다. 우리 선수들끼리 금메달 경쟁하고 경기가 끝나자 관객들이 기립박수를 친다. 올림픽에서 메달 경쟁하는 우리 젊은 선수들이 너무 의젓하고 듬직하다. 얼마 전까지만 해도 해외에 나가서 '우리나라, 참 대단하다'라고 생각했는데 이제는 안방에 앉아서 대단하다고 느낀다.

고맙고 자랑스러운 우리나라!!!

우리나라 국민총생산(GNP)은 1960년에 약 18억 달러였지만, 2023년에 약 2조 달러를, 1인당 국민소득(GNI)은 같은 해에 약 70달러에서 지금은 약 3만4천 달러를 기록했다. 유엔은 우리를 경제, 교육, 건강 관리 등 여러 분야에서 중요한 발전을 이룬 선진국으로 승격시켰다. 재외 교포들은 물론, 외국인들도 우리나라의 의료 서비스를 받으려고 방문할 정도니까 우리 의료 서비스는 분명 세계적인 수준이 틀림없다. 또, 이런 나라를 만들었으니 우리 교육제도도 칭찬받을 만하다.

누가 이런 나라를 만들었나? 물론 그동안 훌륭한 대통령을 비롯해 많은 사회 지도자가 있었지만, 지금의 우리나라를 만든 주인공은 '우리'다. 각각 자신의 영역에서 역할을 충실히 하면서 지금을 만들었다. 땀을 흘리면서 하루하루를 열심히 사는 농부들, 어부들, 소상공인들, 필자를 포함한 중소기업인들과 중견 대기업의 직장인이라는 생각이다. 이 보통 사람들이 있었기에 자랑스러운 나라가 만들어졌다.

필자는 「철이네오이마켓」이라는 미디어를 최근에 시작했다. 새내기 유튜버이다. 매일 새로운 고객, 새로운 파트너를 만나러 현장을 뛰어다닌다. 정부와 협업하는 방법을 찾으려고 공무원과 공공기관 전문가들도 만난다. 이들과 비즈니스 이야기를 하다 보면 자연히 뒷이야기도 한다. 필자의 일이 창업현장과 정부연구개발사업의 현장에 있다보니 현장의 몇몇 '불편한 진실'을 알게 되었다.

현장과 멀어지는 정부, '불편한 진실'

관련 공무원들이 이런 작은 '불편한 진실'에 대해 모두 파악하기는 쉽지 않을 것 같다. 작은 일상으로 여기기도 하고 문화적 특징상, 누구의 흠을 잡는 이야기여서 누구도 공개적으로 이야기하기를 꺼린다. 찜찜해 한다. 하지만 늘 그렇듯이 모든 문제는 거의 대부분 현장의 작은 일상에서 비롯된다. 불편한 작은 일상이 모여 큰 '장애물'이 되는 경우는 너무 많다. 어찌보면 창업현장과 정부 연구개발현장에서의 '장애물'이 이미 '벽'이 되어 있을 수도 있다. 관계자들 눈에는 보이지 않을 테니까.

일반적으로 정부 예산이 늘어나면 정책결정자들과 현장은 거리가 멀어지게 되어있다. 예산을 쪼개서 집행하다 보니 전문관리기관, 혹은 위탁기관이 하나둘씩 더 늘어난다(지금은 그 숫자가 어마어마하다). 보통 이들은 정책결정자와 현장의 중간에 위치하는 업무를 진행한다. 정부가 예산을 집행하는 과정에 통제와 지원 역할을 동시에 하는 경제 주체들이다. 피라미드로 비유하면 '계층'이 하나 더 생긴 셈이다. 결과적으로 정책개발을 담당하는 정부의 각 부처 공무원들과 현장은 점점 거리가 멀어진다. 거리가 멀어지다 보니 시간이 갈수록 두 주체 간에 소통이 어렵다. 이야기 한, 두번으로 풀 일을 1~2년 한다. 이 낭비는 어쩔 것인가?

사실, 정부는 예산이 집행되는 현장을 잘 알아야 한다. 현장의 일상이 공무원들에게 제대로 전달되어야 기획을 하거나 수정해서 또 다른 개선을 할 수 있다. 만일 이 과정이 원활하지 않으면 나름, 힘들게 일한 공무원은 현장에서 거센 비난을 받을 터이고 현장은 현장대로 맥이 빠진다. 필자의 K-오지랖과 조그만 용기로 이에 도전해 보려한다.

정부에서 창업관련 정부예산을 줄였다 늘였다 하는 것은 우리나라가 지속적인 혁신창업국가로 가는 시간만 늦추게 된다. 정부가 '지원'이 아니라 '지연'시킨다. 정부가 갈팡질팡하는 모습을 보면 창업자들은 불안하다. 중소벤처기업부(중기부) 말로는 기획재정부(기재부)가 예산을 쥐락펴락한다고 한단다. 중기부는 예산을 쪼개서 집행하니까 창업 현장을 위탁기관과 전문관리기관에게 맡기고 현장을 직접 챙기지 않는다. 현장이 많기도 하고 여의도에서 자주 부르기도 하다 보니까 결과적으로 현장을 잘 모르는 것 같다. 하나만 소개해보자.

너무 많아진 예산집행 위탁기관

스타트업 창업자가 초기 창업패키지의 높은 경쟁률을 뚫고 중기부의 정부지원을 받는다. 이들은 정부 지원에 크게 감사한다. 하지만 이도 잠깐, 곧 갑갑해한다. 현장의 창업자가 지원받은 예산을 스스로 필요하다고 판단하는 용도에 사용하는데 어려움을 호소한다. 예산 하나하나를 누군가에게 물어보고 허락받고 사용한다. 예산 사용 규정이 있기는 하지만 예산집행을 관리하는 책임자가 그 규정을 후일, 감사원에게 지적받지 않을만한 범위 내에서 편의적으로 해석하면서 운영하기 때문이다.

규정을 제정하는 정부 공무원 따로 있고, 이를 해석해주는 예산집행 책임자가 따로 있는 셈이다. 규정에 대한 해석이 같으면 좋겠는데 서로 다르다. 어리둥절해 하는 이는 스타트업 창업자다. 예산을 잘 활용하고 싶은데, 이건 되고 저건 안된다고 한다. 기왕에 창업을 지원하는 예산인데 꼭 이렇게 집행해야 하나?

창업자의 판단과 창업자의 규정 해석은 뒷전이다. 창업자는 지원 예산을 가지고 짜임새 있게 무언가를 해보려고 끙끙거리는데 정부는 이들에게 '가시 많은 생선'으로 지원한다. 정책 개발한 사람은 먹을 만한 생선이라고 준비는 했는데, 이를 전달하면서 예산은 '가시 많은 생선'으로 바뀌었다. 예산집행 위탁기관과 전문관리기관의 운영자에게 일일이 물어보고 허락받아야 한다. '가시'를 발라내는 과정이다. 이런 과정이 반복된다. 이 행정행위를 위해서 지불되는 위탁기관과 전문관리기관의 인건비도 모두 국민의 세금이다. 창업자가 사용하고자 하는 용도로 사용하도록 해주는 것이 효과적이지 않을까? 잘못 사용한 사례는 사후에도 얼마든지 찾아낼 수 있다. AI기술도 있지 않은가?

'가시 많은 생선'?

정부R&D 예산을 사용하는 연구자들은 유명 학술지에 논문을 쓰는 것으로 평가받는다. 논문에만 관심이 많다. 연구 결과를 실용화하는 것은 다른 사람 역할이라고 생각한다. 연구자가 직접 기술을 사업화하는데 팔 걷어붙이고 필요한 연구비를 집행하려 하면 연구책임자가 회계사 사무실 실무자에게 그 예산 사용이 가능한지를 물어본다. 누가 연구책임자인지 잘 모르겠다. 지금의 우리나라 연구개발 제도와 이런 운영 상황에서 자율과 책임을 강조하는 연구는 불가능하다고 본다. 연구원들의 자율과 책임경영에 대한 구호만 20여 년째 노래를 부른다.

융합연구를 하려면 사람들이 서로 만나서 자주 이야

기를 나누어야 한다. 한번 만난다고 아이디어가 나오지 않기 때문에 가볍게 몇 번을 만나서 이야기해야 한다. 그런데 이때 발생하는 비용을 연구비에서 처리하려면 회의록을 작성해야 하고 사진도 찍어야 한다. 또 하나의 행정절차를 밟아야 한다. 과기부는 세계적인 연구를 하고 있다고 홍보는 하는데, 이것이 구호로만 되는 건가? 연구 과정과 연구성과를 만드는 메커니즘은 20년 전과 크게 다르지 않다. 기술사업화 과정을 손대지 않으면 성과는 나오기 어렵다.

예산을 따고 돈 집행하는 것에만 관심이 있고 성과에는 관심이 없다. 사업화하는 과정에는 별 관심이 없다. 이 업무를 담당하는 공무원, 전문기관 직원들 인원수도 적지 않던데 기술사업화 메커니즘은 비즈니스 환경이 변했는데도 예전과 동일하다. 추격형경제가 선도형경제가 되었어도 그대로 사용한다.

기술혁신을 지향하는 비즈니스를 키우고 산업으로 키우기 위해서는 기재부, 과기부(과학기술정보통신부)와 산업부(산업통상자원부), 중기부가 서로 협력할 일이 많다. 그런데 각 부처가 따로따로다. 기술혁신 아이디어와 연구개발과 시장 활동은 선형관계(Linear)가 아니라 지속적인 상호 의존적 관계(Reciprocal)이기 때문에 종합적이며 복합적이라서 관련 정부 정책은 자주 보완되어야 한다. 이를 하려면 부처 간의 긴밀한 협력이 절대 필요한데 과연 이들 부처 공무원들은 서로 잘 소통하고 있나? 회의도 자주하고, 같은 고민을 하고 있는지 의문이다. 또 지역적으로 서울과 경기도는 붙어 있는데 이 둘은 서로 이야기하고 있나? 소통을 하고 있나? 현장에서 보면 아마도 소통하지 않고 있는 것이 분명하다.

'이걸요? 제가요? 왜요?'의 공공부문 문화

필자가 느끼기에는 실무 공무원들이 필요한 만큼 서로 소통하지 않는다. 협력하고 싶지 않은 건지, 협력할 줄 모르는 건지. 여의도에서 너무 자주 불러서 바빠서 그런건지.

정부R&D예산을 집행하는 위탁기관과 전문관리기관이 중간에서 비대해지면서 이런 현상은 가속화되었다. 필자의 결론적 느낌은 '이걸요? 제가요? 왜요?' 이 '3요 현상'이 MZ세대의 특이점이 아니라 정부와 예산집행을 담당하는 위탁기관과 전문관리기관 사이에도 만연해 있다. 이는 경영학 조직이론에서 나오는 기계적 조직(Mechanic Organization)의 문화이다.

중견기업과 대기업의 임직원들을 만나서 이야기 나누다 보면 월급주는 회사의 앞날을 걱정도 하지만, 각 개인 자신들의 앞날 걱정도 숨기지 않는다. 정년퇴직의 평균 나이가 50세 전후가 되었으니 말이다. 일터가 자꾸 젊어지는 것도 좋지만 그럴수록 중장년층의 고민도 늘었다. 이들은 국민연금까지의 소득크레바스를 걱정한다. 이렇다 보니 비용을 들여서라도 어디에 취업하려 한다. 능력 있는 이들이 우리 사회의 발전을 위해 일할 기간을 늘리려면 어떻게 해야 할까?

2024년 우리나라 중위연령이 46.1세라고 한다. 1976년에 20세, 1997년에 30세 수준이었는데 2014년에 40세를 거쳐 가파르게 올라간다. 우리 인구구조는 노화되는데 기업은 더 젊어지려 한다. 일터에서는 일찍 퇴직해야 하고 퇴직하면 소상공인이 되어야 하는데 이런 상황을 우리 젊은이들은 불안해한다. 출산율이 낮은 이유를 여기서 찾아야 하는 것 아닌가 싶다. 아이를 '생산'하라고 너무 쉽게 이야기한다는 느낌이 든다.

심각한 일자리 미스매치(mismatch)

젊은이들이 하고 싶어 하는 것은 있는데, 그 일을 할 만한 일자리를 못 찾는다. 우리가 좋은 일자리를 만들어 놓지 못했으니까. 일자리 매치(match)가 엉망이다. 새로운 일자리를 만든다고 하지만 공무원들은 양질의 일자리를 만들기보다 단순한 일자리를 빨리빨리 만든다. 지하철 현장지원과 공공근로 현장 지원을 통해 숫자를 늘린다. 담당 공무원은 일자리를 늘렸으니까 성과 목표는 달성했고 아마 성과급도 받았을지 모르겠지만, 장기적으로 이런 일자리가 경제에 얼마나 도움이 될까? 기업 일자리를 만들어야 하는데 과거 정부에서는 일자리를 만들어 본 경험이 없는 공공기관 보고 일자리를 만들라고 했다. 일자리는 기업이 만들어야 하는 것이 아닌가?

이러다 보니 현장의 일상에서 점점 그늘이 드리워진다. 여기저기서 벌써 눈에는 보이지 않는 '벽'이 된 듯하다. 그늘이 단단한 구조물, '벽'이 되었고 앞으로 우리가 가야 할 새로운 변화를 막고 있다. 이를 어떻게 해야 하지? 마음이 갑갑해진다.

결국, 기술 기반의 새로운 사업을 시작해야 한다. 기

술은 그 자체로는 가치가 없다. 사업으로 만들어야 가치가 창출된다. 기술은 시장에 들어가야 가치를 계산할 수 있다. '기술가치'라는 개념은 기술의 시장가치를 이야기한다. 비록 기술을 가치로 만들어내는 과정이 험난하지만 이에 계속 도전해야 한다. 그래야 정부 R&D 투자가 성과로 이어질 것이다.

필자는 태양광 장비 사업을 하면서 과기부가 육성하려는 연구소기업을 만들어 '기술사업화'를 실제 경험해 보았다. 비즈니스를 모르는 연구원과 파트너가 된 것이 패착이었다. 지금과 같은 '연구소기업' 제도로 운영하면 정부가 원하는 성과를 만들기는 거의 불가능하다.

사업은 농구게임이다. 농구게임을 하려고 몸을 푸는데 감독과 코치는 엉뚱하게 육상의 계주게임 전략회의만 하고 있다. 최근에 회자되는 체육계의 뉴스도 크게 다르지 않을 것 같다. 우리 사회는 추격형 경제의 '틀'에 갇혀 있다.

농구장에서 열심히 계주게임 전략회의 한다

금융에 대체투자라는

항목이 있는데, 스타트업에 대한 투자도 이에 해당한다. 대박이 날 스타트업을 찾고 이에 투자하고 싶어한다. 필자는 엔젤들과 초기기업에 투자하는 기관들로 부터 스타트업에 대한 평가 의뢰를 가끔 받는다. 스타트업의 어디를 보고 투자해야 하는 걸까, 투자기준으로 무엇이 좋을까? 이 질문의 답은 바로 '사람'이다.

스타트업은 사업을 시작해서 얼마 시간이 지나면 '죽음의 계곡(Death Valley)'에 맞닥뜨린다. 이 죽음의 계곡을 실제 당해보면 왜 '죽음의 계곡'이라는 이름이 붙여졌는지를 알게 된다. 이 '죽음의 계곡'을 건널 수 있는 창업가인지를 확인하면서 투자를 결정해야 하는데 이를 자료만 보고는 알 수가 없다. 확인해야 할 것은 창업가의 '의지'와 '피보팅(pivoting)능력'이다.

스타트업 투자심사를 하거나 정부연구과제 심사평가를 할 때 평가표를 사용한다. 스타트업도 그렇고 정부연구과제도 그렇고 중요한 것은 책임자가 누구냐이다. 그런데 이 평가표를 살펴보면 '사람'을 판단하는 평가항목은 거의 없다. 무작위로 평가위원을 섭외하고 심사자료의 보안을 위해 신경을 엄청 쓴다. 정교하고 공정한 평가방법론은 칭찬해주고 싶지만, 지금의 평가표로 찾고자 하는 대상을 찾는데 적합한가?를 질문하고 싶다. 지금의 여러 평가절차와 방법이 올바른 것인가? 취지에 맞는 평가인가?를 생각해보자. 10년, 15년 이상 평가표가 거의 바뀌지 않는다. 평가를 위한 평가만 진행되고 있다는 필자의 느낌이 잘못된 걸까?

필자는 전략컨설팅 일을 오래하면서 직업병을 하나 얻었는데, 누가 부탁하지도 않았는데 문제를 보면 해결방안을 찾으려고 생각하는 병이다. 필자의 MBTI는 I로 시작하지만, 용기를 내서(E인 척하면서) '담론(사회적 논의)'을 하나 제안하려고 한다. 한 기업인이 축적한 조그만 사회적 자본을 여러 사람들과 공유하자는 의미이기도 하다.

우리의 생각을 알리자, 담론(談論)으로

담론(談論)을 발제하면 담론에 대해 의견이 여럿 있었으면 좋겠다. 논쟁이 붙으면 더 감사하다. 그 과정에서 우리 사회를 이끌고 있는 지도자들이 새로운 아이디어를 찾을 수도 있고, 새로운 방향을 찾는데 시간을 절약할 수도 있을테니까. 이 책으로 새로운 방법론이 하나라도 제시되고 인정받으면 필자에게는 큰 영광이 될 것 같다.

2000년대 초반부터 빅데이터 분석, 인공지능, 로봇공학, 사물인터넷, 무인운송수단, 3D프린팅, 나노기술 등을 바탕으로 새로운 비즈니스가 시작되었다. 클라우스 슈밥(Klaus Schwab)은 이를 보고 세계경제포럼에서 이를 '4차산업혁명'이라고 명명한다. 여러 기술이 비즈니스로 꽃을 피우고 열매를 맺기 시작하는 것을 보면서 4차산업혁명이라는 이름을 만들어냈다. 당분간 4차산업혁명의 물결은 좀 더 절정을 향해 치달을 듯하다. 앞으로 4차산업혁명에서는 1등 기업만 살아남는다(Dominant Design). 새로운 먹거리, 신사업을 찾는 기업들이 지금 이 4차산업혁명의 대열로 들어가려면 신중해야 한다.

이제 5차산업혁명을 꿈꾸자

지구편 여러 곳에서 또 다른 움직임을 느낀다. 제품혁신(Product Innovation)이 한창이다. 이 조그만 제품혁신 움직임이 5차산업을 만들어간다. 몇몇 비지니스가 5차산업의 큰 파동에 올라타기 시작했다. 우리는 여기에 관심을 모아 준비해야 한다. 늦으면 뒤따라 가게되고, 자본도 더 많이 들어가고 행운도 기대해야 한다. 지금은 적은 자본을 가지고 좋은 아이디어로 시작할 수 있는 시점이다. 좋은 아이디어를 가지고 지금 시작하자. 그동안 들고 있는 나침반은 이제 내려놓아야 한다. 다른 전쟁이 시작되었으니까 다른 나침반이 필요하다.

잠실과 종로에 가면 복권 당첨이 잘 되는 복권판매소에 사람들이 줄 서는 광경을 종종 본다. 줄 서서 복권사는 사람은 '미래'를 사는 것으로 보인다. 복권을 사면 '1주일 희망'이 생긴다. 우리는 미래를 끌어들이면서 살고 있다. 문제가 복잡할수록 이해관계자들이 모두 기대하는 미래를 끌어들이자. 미래를 함께 이야기하자. 그 미래를 지렛대로 활용해야 문제를 풀 실마리를 찾게 된다. 어떻게? 우리 함께 "이제 5차산업혁명을 꿈꾸자." 5차산업혁명을 이야기하고 이를 정의하고 실천에 옮겨보자. 지금까지의 분석적인 접근에서 종합적인 비전을 만드는 작업을 시작하자.

이제 우리 보통사람이, 사회구성의 일원으로서 미래 이야기를 하자. 앞으로 우리 사회를 부강하게 만드는 것은 개인들이 앞장서고, 개인들이 모여 스타트업으로 약진하고, 기존 기업들과 협력하는 길이라고 필자는 확신한다. 우리 보통 사람들이 스스로의 미래를 각자 만들자. 그리고 이 과정에서 불편하게 느끼는 지금의 불균형을 개선해보자. 누가 만들어낸 산업혁명을 따라가지 말고 '우리가 변화의 5차산업에 편승하여 주역이 되자'고 외친다. 그래야 우리가 원하는 선도형 경제로 나아간다.

앙트레프레너십이 필요하다. 개인, 기업, 정부 모두에게 필요하다. 특히 이제는 개인의 시대, 스타트업의 시대로 접어들었다. 모든 경제주체가 "할 수 있다"를 외치면서 길을 찾으면 된다. 미래의 어떤 방향을 정해서 실천 계획을 찾자. 개인이 앞장서자. 스타트업이 앞장서자. 그리고 기존의 기업이 함께 움직이자. 정부는 이를 지원하자. 과거와는 다른 방향으로 새로운 경제를 만들어 보자. 출산율 문제, 양극화 문제의 원인은 결국 '경제' 아닌가?

모두 고인이 되셨지만 필자를 학교에서 가르치신 세 분의 은사님께 진심으로 감사드린다. 또한 학자로서 고민하고 시민단체에서 이를 몸소 실천하시는 전인수 이사장님, 최고의 서양 철학자로서 과학기술과 미래인문과의 융합을 고민하는 이종관 박사님, SF를 통해 상상력을 키워주신 '서울SF아카이브'의 박상준 대표님, 짧은 필자의 글에 자료지원을 해준 정원연 대표님, 박윤석 박사님, 이송미

선임, 조혜영 매니저님께 감사드린다. 고려 말과 조선 초, 어려운 시기의 학자, 목은을 연구하시면서 옆에서 응원해 주신 이청원 원장님께 진심으로 감사드린다.

2024년 9월 한가위를 지내고 임윤철

"어차피 쉬운 답은 오답일 가능성이 크다. 정말로 중요한 것은 답을 제시하는 것보다 문제를 제기하는 것이다. 문제를 잘 파악해야 좋은 답을 찾을 수 있기 때문이다.

세계는 넓고도 넓다. 이 광대한 세계에서 우리가 하고 싶은 일, 해야 할 일은 무궁무진하다. 과거를 공부하는 것은 회고적 취미가 아니라 미래를 준비하고 만들어가기 위한 준비작업이다"(주경철, 2017, 그해, 역사가 바뀌다)

1장

이런 질문에 '답'을 해보자

'불편한 진실'은 추격형경제의 그림자?

'불편한 진실'은 우리의 편안함을 깨뜨리고, 기존의 믿음이나 관점에 도전한다. 한 걸음 더 나가면 우리에게 변화나 행동을 취하도록 강요하기도 한다. '불편한 진실'을 들으면 거북하지만 이를 서로 이야기해야 앞으로 나아갈 수 있다. 방향을 찾게 된다.

세계의 부와 자원이 소수에게 집중되고, 많은 사람이 경제적 불안정에 시달리고 있다. 미국은 부의 32%를 상위 1%가 소유하고 있고, 우리나라의 경우, 상위 1%의 인구가 부의 약 20% 정도를 소유하고 있단다. 이러한 불평등은 사회적 갈등을 증대시키고, 민주주의를 위협하며, 장기적으로 경제의 안정성을 저해한다. 부유세 도입이나 소득 재분배 정책 등은 많은 저항에 부딪히고 있다. 단기적으로 이러한 시도는 해 볼만 하지만 또 다른 접근도 필요해 보인다.

또, 정치적 분열과 사회적 갈등 등이 중요한 '불편한 진실'이 되었다. 정치적 양극화가 심화되면서 서로 다른 정치적 견해를 가진 사람들 간의 갈등이 일상화되고 있다. 이 갈등은 국가의 결속력을 약화시키고 있고 이 상황은 단순히 정치적 견해의 차이를 넘어서, 사회적 신뢰와 연대를 무너뜨리고 있다.

최근 디지털 기술의 발전이 가져올 윤리적 딜레마도 또 다른 '불편한 진실'이다. 인공지능(AI)과 빅데이터의 발전은 놀라운 가능성을 열어주었지만, 동시에 개인의 프라이버시 침해, 일자리 감소, 그리고 AI의 윤리적 문제 등 새로운 도전 과제를 던지고 있다. 특히, AI의 편향성과 자동화로 인한 노동시장의 변화는 불평등을 더욱 심화시킬 수 있으며, 이는 우리가 마주해야 할 '불편한 진실'이다. 연일 딥페이크 뉴스도 이어지고 있다. 삼체라는 SF영화에서도 인공지능이 신(神)이 되어서 우리 인간을 이끌 것이라고 알려준다. 참, 불편하다.

이러한 '불편한 진실'을 무시하거나 회피하는 것은 문제를 악화시킬 뿐이다. 장기적으로 더 큰 비용은 물론, 재앙도 될 수 있다. '불편한 진실'을 직시하고 이를 극복해야 한다. 하지만 지금까지 이를 직시하고 해결하려는 노력이 조각조각인 듯하다. 이 조각조각 해결책이 효과가 없는 것 같다. 지금의 의료사태가 이런 느낌이다. 더 나은 우리 사회의 미래를 위해 의견을 나누고 한번 더 생각하고 더 크게 의견을 모으는 방향으로 이야기를 시작하자. 미리미리 이야기를 해보고 생각을 깊이 하는 '바람'을 일으키자. '불편한 진실'을 우리가 우리에게 직접 물어보면서 이해당사자에게 질문도 하자. 함께 논의하자. 그리고 이런저런 해답을 이야기하고 찾자. 이런 과정을 우리 바쁜 사회 지도자들이 귀를 열고 듣고 학습했으면 좋겠다. 우리 사회에 궁금한 것을 담론으로 풀어나가 보았으면 좋겠다. 장기적인 접근이지만 '담론'을 생활화 하자. 지속적으로 이야기하자.

앞이 보이지 않으면 불안하다. 누구나 어두운 길은 싫다. 커튼을 거두어 빛이 들어오게 하자. 커튼이 어디에 있는지, 어떻게 열지를 함께 이야기해보자.

서울 한복판 땅 꺼짐 사고, 오늘 운전해도 될까?

멀쩡한 자동차 도로가 꺼지는 바람에 달리던 자동차가 도로 밑으로 떨어지는 사고가 발생한다. 이제는 자동차 운전하기도 겁난다. 이틀도 안 되는 시간에 300mm 폭우가 쏟아진다. 언제 폭우가 덮칠지 모르는 상황이어서 이제는 빗방울이 떨어지면 여러 생각을 해야 한다. 또 왠 산불은 이렇게 자주 나는지, 한번 나면 걷잡을 수 없다. 2023년과 2024년 동안 기록적인 산불이 많이 발생했는데, 특히 남아메리카의 아마존 지역이 극심한 가뭄과 고온 때문에 산불이 빈번했다.

또 기후변화는 생태계의 많은 종(種)을 멸종시키고 있어서 우리 인류의 생활 터전을 위협한다. 유엔 사무총장 안토니우 구테흐스는 2023년 세계 기상 기념일을 맞아, 기후변화가 지구를 "살기 어려운 곳"으로 만들고 있다고 경고했다. 기후변화는 단순히 지구 온도가 약간 상승하는 현상이 아니라, 인류와 지구 생태계를 위협하는 재앙적인 문제로 심각하게 받아들여야 한다. 이 문제는 여러 방면에서 인류의 생존 자체를 위협하는 실질적인 위험이다. 이 기후재앙을 막기 위한 강력한 정책과 행동이 필요하다. 변화가 아니라 재앙으로 인지해야된다.

우리나라에서는 기후재앙의 심각성을 얼마나 인식하고 있고 어떤 대응을 하고 있을까? 여러 가지 아이디어를 가지고 무언가 대응을 하는 듯은 한데, 계획대로 성과가 나오는지는 잘 모르겠다. 성과를 내고 이를 확인하는 법도 이미 제정되었던데 기후재앙에 대응하면서 만들어낸 성과가 국민들에게 공지되는 지는 잘 모르겠다.

계획은 많아 보이는데 성과는 미흡하다

기후변화 대응 성과를 평

가하는 국제 기후변화 성과 지수(CCPI)에서 우리나라는 2024년 기준으로 64위에 놓였는데, 이는 거의 꼴찌 수준이다. 온실가스 배출량과 에너지 사용, 재생에너지 사용 비율에서 낮은 점수를 받았다. 정부는 2023년 발표된 제10차 전력수급기본계획에서 재생에너지 목표가 낮아지고, 석탄을 대체할 에너지원으로 천연가스를 선택하는 등 친환경적이지 않은 대책들이 포함되는 바람에 비판받았다. 우리 국민은 기후변화의 심각성을 크게 인식은 하고 있는데, 실제 정책의 실행 성과는 눈에 띄지 않는다. 크게 미흡해 보인다.

"서울, 100여 년 만에 가장 긴 열대야 기록 경신", 지역과 관계없이 전국에 역대 최장 열대야 기록을 경신했다. 최근 유래 없이 정부는 38도 이상의 기온에 "사상 최고 수준 폭염 경보 발령"을 전국적으로 연속 발령한다. 전력 사용이 정점을 치닫는 상황이다.

한편, AI 기술이 사용하는 전력 소비와 그로 인한 환경 영향에 대한 우려가 크다. 대규모 언어 모델(Large Language Models, LLMs)과 같은 최신 기술은 학습과 추론 과정에서 엄청난 양의 전력을 소비한다. 예를 들어, GPT-3와 같은 모델은 수백만 개의 문장을 학습하는 데 수백

메가와트(MWh)의 전력이 소요된단다. 이는 소규모 도시 전체의 전력 소비와 맞먹는 수준이며, 추론 단계에서도 사용자의 요청에 실시간으로 응답하는 데도 많은 전력이 필요하다. 데이터 센터에 전력 소비가 기하학적으로 늘어난다. 지금의 전기생산 기술로는 CO_2가 늘어날 수밖에 없다.

우리나라의 전력 생산과 공급의 안전성은 비교적 좋다. 하지만 에너지원의 포트폴리오는 아직도 화석연료의 상대적 비중이 크다. 2021년에 재생에너지의 사용은 7% 수준에 지나지 않는다. 풍력, 태양광 등 재생에너지의 발전 비중을 높여야 한다는 의견이다.

내년에 전기는 제대로 들어오려나?

송배전 인프라 측면에서는 대부분의 선진국과 비교해도 뒤처지지 않지만, 일부 지역에서는 전력 계통의 확장 및 고도화가 필요하다는 목소리가 나온다. 전력 수요가 높은 도시와 재생에너지 발전이 활발한 지역 간의 전력 송배전 효율성을 높이기 위한 투자가 필요하다.

한때 과거 정부는 갑작스러운 탈원전 정책을 밀고 나갔고, 이번 정부에서는 원전 회복을 하였다. 정부가 갈팡질팡한다. 에너지 정책 수립이 늦춰진다. 장기적인 에너지 수급 계획이 불확실해지면서 국내 전력 시장의 안정성에 대한 신뢰를 떨어뜨리고, 기업들의 투자 결정도 지연시켰다. 에너지 정책에도 이렇게 여·야가 따로따로 있어야 했나 싶다. 전문가들이 중지(衆知)를 모아야 하는 거 아닌가. 전문가가 반반으로 나뉘면 우리 보통 사람들이라도 손을 들어 의견을 이야기해보자. 매번 투표를 못 하니까 담론을 발전시키자.

기후변화와 인공지능(AI)의 발전은 전 세계적으로 전력 에너지 확보와 효율적 사용에 대한 노력을 촉진하고 있다. 각국의 사정이 다른 만큼 우리나라의 경우에 전기에너지 공급 확충을 어떻게 해야 하는지를 정해나가자. 이를 정치화해서는 안 될 것이다. 에너지 정책을 급격하게 방향 전환하는 우(愚)를 두 번 다시 범해서는 안 되겠다.

늘어나는 에너지 수요대책에 대해 함께 이야기하고 준비해야 하자. 자주 거론되는 SMR(Small Modular Reactor: 소형 모듈식 원자로)이 대안이라면 이의 상용화를 조금 앞당기는 방법은 없을까? 2024년 여름, 전력 수요는 기록적인 수준에 도달했는데 8월 초에 최대 전력 수요는 93.8GW로, 이전 기록을 넘었다. 그리고 예비 전력은 약 8.5GW로 유지되었다. 내년에는 더 혹독한 폭염이 올 터이고 AI가 모든 핸드폰에서 작동이 된다면 지금의 예비 전력 8.5GW로는 충분할까? 예비 전력을 2배, 17GW 정도로 준비해야 하는 것은 아닌가? 이에 대해 논의를 해야 하는 것은 아닐까. 예비 전력을 충분히 마련하고 있는지, 어떤 선택지가 있는지가 궁금하다. 우리 이에 대한 담론을 누가 한번 시작해보자.

정부R&D투자만 선진국, 기술사업화는 후진국?

정부R&D투자에 대해 이야기해보자. 2024년 6월 27일에 2025년도 국가연구개발사업 예산 배분과 조정(안)을 심의했다. 2025년도 우리나라 정부의 주요 국가연구개발사업 예산은 총 24.8조 원으로 배정되었다. 국가혁신을 견인하기 위해서 약 3.4조 원을 할당했으며 AI 반도체, 첨단바이오, 양자 기술 등 3대 게임체인저 기술에 집중적으로 투자한다.

AI 반도체의 경우 차세대 범용 인공지능과 AI 안전 기술개발에, 첨단바이오는 바이오 빅데이터 구축과 AI 활용 신약 개발에, 양자 기술은 글로벌 협력 기반 강화는 물론 국내 연구생태계 내실화에 중점을 둘 예정이다.

선도형 연구생태계를 구축한다는 목적으로 약 2.94조 원을 할당하고 기초연구와 미래 세대 육성에 7.14조 원의 예산을 투입한다. 우수 연구자의 후속 연구 지원, 기초연구의 혁신성과 제고, 자율성과 책무성을 강조하고 있다. 덧붙여 글로벌 R&D 네트워크 확대를 통해 국제적 협력을 강화할 계획이다.

역동경제의 초석을 마련한다고 약 7조 원의 연구비가 할당된다. 초격차 기술 확보와 차세대 핵심 기술 투자 등에 중점을 둔다. 이차전지, 시스템 반도체, 첨단 패키징 기술 등 첨단산업 분야에서 세계 최초 상용화 및 글로벌 경쟁력을 강화하기 위한 투자로 보인다. 국민 안전을 위해 국방 첨단 전력화와 국민이 체감할 수 있는 재난 안전성 공공 R&D로 약 5조 원이 할당된다.

2024년의 정부 연구개발(R&D) 예산은 당초 원안보다 16.6%가 삭감되었다. 예산삭감은 2023년 6월에 개최된 재정 전략회의에서 '나눠먹기식 R&D'를 비판하고 '제로베이스에서 재검토'를 하면서 시작되었다. 사실, 정부 R&D 사업의 비효율성이 오랫동안 지적되었기에 '올 것이

왔다'라는 의견도 있었다. 그런데 놀란 것은 두 달여 간의 검토 끝에 16.6% 삭감된 R&D 예산안으로 급조했다는 것이다. 2023년 12월 초에도 2024년의 정부R&D 예산을 확정하지 못했다는 것은 큰 문제였다. 혼란만 키웠다.

정부R&D투자는 세계TOP인데 왜 불안하지?

2025년에는 다시 정부 R&D 예산을 늘린다고 한다. 이 또한 증액 과정이 석연치 않다. 더욱 근본적인 정부R&D 예산의 편성을 포함, 예산집행 과정은 성과가 나오도록 전면적인 개편이 필요하다. 24년도에 정부R&D 예산 삭감과정에서 지적되었던 내용 들이 이번 2025년(안)에 반영되지 않은 채 또 지나가는 것 같다.

연구성과가 없었다는 명분으로 삭감했는데, 이번에도 예년과 같은 문건(2023년도 국가연구개발사업 예산 배분과 조정(안))을 만들어 심의했다는 느낌이다. 문건의 자구(字句)는 조금 바뀌었지만, 과거 년도의 문건 내용과 크게 달라진 것은 없어 보인다. 소위, '표지만 바꿔 끼웠다'고 목소리 높이면 관련 공무원들이 싫어 할려나? 불쾌하다고 그럴까!

국제적으로 유명한 'NATURE'에서도 우리나라 정부 R&D 투자 대비 성과가 부족하다고 한다. 성과의 기준이 무엇인지에 따라 다르겠지만 기술사업화 성과가 미비하다는 지적은 계속 있었다. 기술사업화율은 정부R&D 투자 대비 기술이 실제 상용화되는 비율을 나타내는데, 최근 3년간 기술사업화율은 2020년에 14.7%, 2021년에 15.2%, 2022년에 14.5% 정도로, 이 수치가 매우 낮다. 정부 예산 투입의 효율성에 대한 의문은 사실 어제오늘에 불거진 것은 아니다.

단순한 예산 증감만으로는 정부R&D를 설명하는 방식은 이제 좀 바꾸자. 예산을 삭감했던 이유가 미흡한 성과였다면 지난 8개월 동안 R&D예산집행 방법을 바꾸려는 시스템 혁신에 대한 논의가 뜨거웠어야 하는데 어디서 연기도 안난다. 30조 원이라는 금액은 국민 세금에서 차지하는 비중이 크다. 정부R&D 예산이 연구 현장으로 내려가서 연구비로 사용되는 과정에 대해 수술하지 않고 예산 꼭지만 이렇게 저렇게 바꾼다고 결과가 달라지는 것은 아니지 않은가.

2024년의 기술사업화 현장은 그대로인데 5년이 지나

고 10년이 지나면 경제적 성과가 하늘에서 뚝 떨어질까? 개도국 수준의 기술사업화 메커니즘을 어떻게 바꾸는 것이 좋을지를 지속해서 논의해야 한다. 예산을 기획하고 집행하는 행정부가 이런 담론에 귀를 기울여야 한다. 어떤 논의의 장(場)이 만들어져야 하는 것 아닌가. 공무원들이 바쁘고 예산을 집행하는 기관들이 전문성을 핑계되면 우리라도 이야기를 해서 담론으로 만들었으면 좋겠다. 연구자들 떠난 뒤에 R&D예산 늘리지 말고, 매번 PBS 이야기만 하지 말고, 학생에게만 의존하는 연구하지 말고. 국가의 미래 성장동력을 만들어내는 정부R&D 과제기획, 과제수행, 기술사업화에 대해 전문가가 모여서 이야기하고 담론을 만들어 정부에 건네주자. 누가할까나?

황금알 낳는 기업이
하루아침에 나오나?

　지하철을 타고 다니다 보면 앉아 있건 서 있건 모두 열심히 핸드폰을 들여다본다. 웹툰을 보는 젊은 친구들도 있지만 주식 그래프를 보는 이들도 많다. 아마도 주식을 가지고 있어서 더 떨어질지, 올라갈지를 궁금해하는 모양이다. 팔아야 할 타임인지를 고민하는 모양이다. 동학개미와 서학개미들이 기업전쟁 속에서 재테크를 하고 있다. 더 많은 삼성전자가 있었으면 좋겠고, 엔비디아가 우리나라 기업이면 얼마나 좋을까를 이야기한다.

　우리나라에는 약 800만 개의 중소기업이 있다. 황금

알을 낳는 기업으로 키울 수 있는 후보의 총 숫자로 보인다. 매년 이 숫자가 늘고 있지만 숫자가 늘어나는 것이 좋은 것인지 나쁜 것인지는 해석하는 사람에 따라 다르다. 다만 숫자가 늘어나고 있다는 것은 사실이다.

이 중 일부 기업이 황금알을 낳는 기업으로 변신하면 우리나라 경제·사회를 위해서는 긍정적이다. 기업은 혼자 크지 않는다. 기업의 제품이나 서비스를 누군가 구매해야지 그 기업은 성장한다. 우리 기업들을 세계적인 기업으로 키우기 위해서는 누군가의 관심, 구매, 지원 등이 필요하다. 아프리카 속담에 아이 하나 키우는 데 마을 전체가 필요하다고 한다. 마을을 구성하는 옆집 아저씨, 동네 이모, 사촌 형과 누나 등등을 일컫는 것이다. 중소기업이 성장하는 동안에 우리 사회의 여러 구성원이 관심을 가지고 이들 중소기업이 가고자 하는 방향에 동의하고 그네들이 열심히 한다면 이들의 노력을 사주는 수고를 함께 하면 좋다. 그러면 우리나라 엔비디아가 나올 수도 있다. 초기기업은 응원을 먹고 자란다.

기업의 평균수명이 크게 단축되고 있다. 기업의 수명이 짧아지는 현상은 우리나라 외국이나 마찬가지다. 기술혁신 가속화, 글로벌 경쟁 심화, 소비자행동 변화 등이 기업 수명

단축의 주요 원인이다. 변화에 대응하지 못한 기업들은 시장에서 도태된다. 결국 새로운 비즈니스 모델이 필요하다. 새로운 비즈니스를 못 찾으면 기업수명은 단축된다. 기업의 평균수명이 짧아지면 우리 보통 사람들도 불편을 겪는다. 기업이 우리에게 제공했던 직업의 안정성과 보장성을 잃는다. 이 변화는 우리 개인 각자에게 불안감을 주면서 크게는 우리 사회의 불안 요소가 되고 있다.

기업수명이 짧아진다, 소는 누가 키우나?

과거에는 기업이 수십 년, 심지어는 수 세기에 걸쳐 지속될 수 있는 경우도 있었지만, 오늘날에는 힘들다. 1950년대 미국의 S&P500 기업의 평균수명은 약 61년이었으나, 최근에는 18년 미만으로 줄어들었으며, 2027년까지 현재 S&P500에 포함된 기업 중 75%가 시장에서 사라질 것이고 기업의 평균수명은 12년이 될 것으로 예측한다.

국내 기업의 평균수명도 짧아지는 추세다. 2017년 중소벤처기업부의 보고서에 따르면, 한국의 중소기업 평균수명은 약 12년으로 나타났으며, 이는 2000년대 초반에 비해 약 30% 감소한 수치이다. 대기업도 수명이 점차 줄어들고 있는 것으로 나타났다.

기존의 비즈니스 모델을 고집하는 기업들은 환경에 적응하지 못하고 도태되고 있다. 과거에는 일정한 제품이나 서비스를 나름, 오랜 기간 유지하는 것이 가능했으나, 이제는 끊임없이 혁신하지 않으면 소비자들에게 외면당할 가능성이 크다. 비즈니스 모델을 계속 바꿔야 한다. 이 추세는 앞으로 계속될 것이다.

글로벌화는 세계 시장으로의 진출을 의미하지만, 국내 시장에서의 경쟁 강도도 함께 높인다. 전통적인 국경을 허물고 전 세계적으로 경쟁을 심화시켰다. 중국에서 가장 유명한 이커머스 회사들이 국내에 진입하면서 큰 반향을 일으키고 있다. 이는 결국 국내 이커머스의 큐텐 사태를 맞고 있지 않은가? 큐텐의 잘못된 판단이 소비자들에게 큰 피해를 주었다.

알리나 테무 같은 외국계 기업들에게 우리가 종속되지 않으려면 우리는 무엇을 해야 할까? 자유무역의 기조 속에서 우리 정부가 역할을 하려면 우리 사회의 개별 주체인 개인들의 생각이 무엇인지를 많이 알아야 하지 않을까? 황금알 낳는 기업을 어떻게 키워야 할지 이야기를 해

보아야 하지 않을까? 이에 대한 담론이 있다면 사회 지도자들이 다른 나라 정부에 대응하고 한편으로는 빅테크 기업들에게 대응하는 데 도움이 되지 않을까? 구글과 메타에게 우리나라의 목소리를 높이려면 정부는 우리 국민의 목소리를 등에 업어야 한다. 서로 역할 분담이 필요하다. 누군가 관련 담론을 시작해주면 좋겠다.

고래싸움에 끼인 대기업, 믿고 가도 되나?

　미국의 바이든 대통령의 방한 이야기를 잠깐 해보자. 바이든 대통령은 방한 당일 늦은 오후에 도착했음에도 삼성전자를 먼저 가서 이재용 회장을 만났다. 아마 우리 대통령 일정과 뭔가 맞지 않은 것이 있어서 삼성전자를 먼저 가는가 싶었는데 일정이 알려지는 것을 보니까 마지막 날은 현대자동차 정의선 회장을 호텔에서 만나고 출국했다. 뭔가 엄청나게 달라졌다는 느낌이다. 미국 대통령이 왜 저렇게 우리나라 기업 총수를 먼저 만날까? 미국의 대통령이 대한민국과의 정치·외교 차원에서 방한하는 것도 있겠지만 다국적 기업의 총수들에게 미국을 세일즈하러 방문하는 목적이 다분히 더 큰 것처럼 보인다. 이는 국가에 있어 기업이 정말 중요해졌다는 사실이다. 외교도 장기적으로는 비즈니스인 셈이다.

미국과 중국 간의 패권전쟁이 심화함에 따라 세계 경제는 불확실성과 분열의 시대로 진입하고 있다. 이러한 대립은 단순히 양국 간의 문제를 넘어 세계 경제에 큰 영향을 미치고 있다. 그로 인한 경제적 이슈들은 전 세계에 걸쳐 다양한 형태로 나타나고 있다.

글로벌 공급망이 직격탄을 맞았다. 고래들이 줄 세우기를 한다. 미국은 자국 내 제조업을 강화하고 중국 의존도를 줄이기 위해 다양한 조치를 취하고 있으며, 이에 따라 다국적 기업들은 생산기지를 중국에서 다른 국가로 이전하거나, 미국으로 복귀시킨다. 복귀하면 인센티브를 준다. 이에 따라 우리나라를 비롯한 여러 국가는 기존의 공급망에서 소외될까봐 좌불안석이다. 중요한 공급망 변화에서 지금 우리 기업들이 빠지면 큰일이다. 우리나라 경제는 특히 반도체, 자동차, 전자제품 등에서 대중국 수출 의존도가 높은데, 이들 고래 싸움에 편할 수가 없다.

미국은 화웨이와 같은 중국의 기술 기업을 제재하며

중국의 기술 발전을 억제하고자 하고 있으며, 반대로 중국은 자체적인 기술 자립을 강화하고 있다. 이러한 상황에서 우리나라는 미국과의 안보 동맹과 중국과의 경제 협력 사이에서 딜레마에 직면한다. 특히 반도체와 같은 첨단산업에서 우리의 역할은 더욱 중요해지고 있으며, 미국의 압박 속에서 우리 기업들이 중국 시장에서의 입지를 잃을 위험도 크다. 이미 진행 중이라고 보아야 할 것 같다.

이 싸움이 장기화하면 우리 경제는 성장 둔화와 더불어 경제 구조 전환의 압박에 직면하게 된다. 반도체, 자동차, 전자제품 등이 글로벌 시장에서 경쟁력을 잃게 될 경우도 생각해야 한다. 삼성전자라고 영원하고 현대자동차라고 불멸할까? 영원할 수 없다는 것은 상장 폐지된 일본 도시바의 역사에서 배우지 않았나? 너무 우리나라의 글로벌 기업을 믿는 듯하다. 이들도 어떻게 될지 아무도 모른다. 우리는 대비하고 있을까?

글로벌 변화에 대비, 우리나라의 산업 구조 재편과 기술혁신 목소리를 높여야 한다. 균형 잡힌 외교와 새로운 경제 정책이 필요하다. 미국과 중국 간의 패권전쟁의 여파를 더 넓게 고민하는 것이 필요해 보인다.

산업공동화 속도를
창업속도가 못 따라간다

기업들은 경쟁력을 유지하려고 필요한 곳으로 이전한다. 몇 년전 일이지만 GM 군산공장의 폐쇄로 인해 군산지역에 막대한 경제적 피해가 발생하였다. 외국 기업이 우리나라에서 제조공장을 문 닫은 이야기이다. 군산은 공장의 폐쇄 이후 경제적 구심점을 잃었고, 이에 따라 지역 경제는 급격히 침체하였다. 이는 외국 기업이 국내에서 철수할 때 발생할 수 있는 경제적 피해를 바로 보여주는 사례였다.

우리나라 기업들은 보조금을 많이 챙겨주고, 규제가 덜한 나라로 이동한다. 이를 오프쇼어링(Offshoring)이라고 한다. 미국의 일자리를 만드는데 이바지하는 1위가 대한민국이라는 뉴스가 신문 1면을 장식한 적이 있다. 대기업과 관련한 수직 계열의 기업들이 떠난다. 사람도 떠나고 돈도 떠난다. 미국 제조기업을 자국으로 다시 돌아오게 지원해주는 미국단체가 작년 말에 보고서(Reshoring Initiative)를 발간했는데, 미국에 새로 생긴 일자리 28만 7,300개 중 14%가 한국에서 나왔다.

우리나라에 진출하는 외국인 직접투자(FDI)는 국내 총

생산에 1.5%에 불과하지만, 우리나라 기업들의 해외직접투자는 5년간 22.2%로 늘어났다. 임금 경쟁력을 앞세우는 동남아 국가들은 우리나라 기업에 러브콜을 계속 보낸다. 우리의 산업공동화 현상은 가속화되고 있다.

제조업의 경우, 기계화로 넘어가기 전 단계에서는 인건비 절감의 유혹 때문에 해외로 이전을 생각하지 않을 수 없다. 2025년의 우리나라 최저 임금은 10,030원이다. 기업단체와 노동계는 한참을 협상했지만, 양쪽 모두 불만이다. 이대로 가면 국내 산업기반은 점점 약해진다. 인건비가 올라가면 제품의 가격경쟁력이 떨어진다. 노동생산성을 올려야 한다. 기술혁신을 가속화해야 한다. 물건을 팔지 못하면 기업은 죽는다. 인건비를 감당할 비즈니스 개발, 창업, 신사업개발이 절대 필요하다.

30년 후 삼성, 현대가 될 중소기업을 찾자

외국 노동자들을 활용해야 그나마 제조업이 버티는데, 이들에게도 똑같은 인건비를 지급하면서 경쟁력을 유지하기는 어렵다. 그래서 외국인 노동자, 가사도우미의 인건비를 우리와 똑같이 책정하는 것이 맞는가? 하는 주제로 이야기를 한다. 하지만 이런 주제에 대해 정부가 공식적 입장에서 무슨 가이드라인을 주는 것도 국제 관계의 주체 역할을 하는 정부가 할 일은 아닌 듯싶다. 그러면 우리라도 나서야 하는 거 아닌가 하는 생각이다. 담론을 통해서.

우리나라 중소기업들이 여기서 성장하고 해외로 뻗어 나가게 하는 방법은 무엇일까? 자세히 기술하기는 어렵지만 지원하는 일이 복합적이다. 과기부는 역할이 이런 거니까 우리는 여기까지, 산업부는 역할이 이런 거니까 우리는 여기까지, 중기부의 역할이 이러니까 우리는 여기까지. 이런 역할 분담으로 글로벌로 나가는 지원을 할 수 있을까? MZ만 '이걸요? 제가요?, 왜요?' 가 아니다. 이 3요는 지금의 공무원 사회에서도 만연하다.

한편, 산업공동화로 비워진 자리를 메꾸는 방법은 새로운 경제 주체가 등장하지 않으면 안 된다. 새로운 경제 주체는 어떻게 만들 것인가? 이런 이야기를 정부가 못하면 우리가 담론으로 만들어주자. 그리고 각자의 역할을 하도록 우리가 모니터링하면 된다. 누가 시작해주면 좋겠다.

개인은 언제까지 노동자, 소비자만 할건가?

　현대 사회에서 우리는 노동자이고 소비자이다. 하루 중 대부분 시간을 노동에 할애하지만, 동시에 우리가 번 돈을 소비하는 데도 많은 시간을 사용한다. 이러한 역할은 언제부터 시작되었을까? 개인이 노동자로서의 정체성을 가지게 된 순간과 소비자로서의 정체성을 가지게 된 순간은 언제일까?

　노동자라는 개념은 산업혁명과 함께 본격적으로 등장했다. 18세기 말과 19세기 초, 산업혁명은 영국을 시작으로 전 세계로 확산되며 공장 시스템이 도입되었다. 이 시기부터 사람들은 자급자족의 농경 생활을 벗어나 공장에서 임금을 받고 일하는 존재로 변화하게 된다. 노동자는 이제 자기 노동력을 자본가에게 제공하고, 그 대가로 임금을 받는 개인이 된 것이다. 이전의 농업 사회에서의 농민과는 달리, 산업화한 사회에서의 노동자는 특정한 시간과 장소에서 일하며, 그 대가로 임금을 받아 생계를 유지한다.

산업혁명 이전에도 노동의 개념은 존재했지만, 오늘날 우리가 이해하는 '노동자'라는 개념은 산업혁명 시기부터 본격화되었다. 농업 중심 사회에서 사람들은 자신의 생존을 위해 노동했지만, 산업 사회에서는 생존 이상의 목적을 위해 노동한다. 이에 따라 노동은 단순한 생존 수단을 넘는 개인 정체성의 중요한 부분이 되었다.

소비자 개념은 노동자의 개념보다 더 늦게 등장했다. 소비자는 산업혁명 이후 대량 생산의 시대가 도래하면서 본격적으로 형성되었다. 20세기 초, 헨리 포드는 자동차를 대량 생산 하면서 현대적인 소비자 사회를 창출하는 데 중요한 역할을 했다. 헨리 포드는 자신의 공장에서 일하는 노동자들에게 당시 기준으로 매우 높은 임금을 지급했다. 그의 목표는 단순히 노동자들의 생활 수준을 높이는 것이 아니라, 이들이 자신의 생산품인 자동차를 구매할 수 있도록 하는 것이었다. 소비자 역할을 만든 것이다.

그는 노동자들이 소비자가 되어야만 생산된 상품이 판매될 수 있고, 경제가 활성화될 수 있다고 생각했다. 이에 따라 포드는 하루 5달러라는 높은 임금을 제공했고, 이는 그가 생산하는 자동차를 대중이 쉽게 접근할 수 있게 만들었다. 포드의 이 전략은 근로자들이 생산 과정에서 소비자 역할을 동시에 수행하게 하여 자본주의 시장의 중요한 동력으로 작용했다. 이는 소비자 사회의 기틀을 마련한 중요한 계기였으며, 이후 소비자 개념은 점점 확산되어 현대 사회에서 시장의 핵심 개념이 되었다.

대기업이 우리를 노동자, 소비자로 본다

자본주의 사회에서 노동자와 소비자는 떼려야 뗄 수 없는 관계이다. 노동자는 자신이 번 임금을 통해 소비자가 되고, 소비자는 또 다른 노동자의 생산품을 구매하며 경제에 이바지한다. 헨리 포드는 높은 임금을 통해 노동자들이 자신이 생산한 상품을 소비할 수 있도록 했고, 이를 통해 소비 시장을 활성화했다. 이는 자본주의 사회에서 생산과 소비의 작동 원리가 된다.

산업혁명 시기와 그 이전에 헨리 포드와 같은 기업가 중에 리처드 아크라이트 (Richard Arkwright)도 영국의 산업혁명 초기에 방직 공장을 설립하여 대규모로 노동자들을 고용하고, 저렴한 가격에 대량 생산된 섬유 제품을 공급하여 소비자 시장을 확대했다. 아크라이트는 현대적인 공장 시스템의 창시자로 평가되며, 그의 공장 운영 방식은 노동자를 대규모로 조직화하고, 동시에 저렴한 상품을 대중에게 제공하는 시스템을 구축한 사례로 꼽힌다.

앤드류 카네기 (Andrew Carnegie)나 존 D. 록펠러 (John D. Rockefeller)도 대규모 공장을 통해 수많은 노동자를 고용했으며, 이들의 기업 활동으로 소비하는 대중 시장을 창출하였고 노동자와 소비자 개념을 만들었다. 개인이 경제활동을 하기 위해 기업에 의존하면 '노동자' 개념이 생기고 '소비자' 개념에 분류된다.

지금의 경제·사회·문화 환경은 어떠한가? 기업에 의존하지 않고 개인이 경제활동을 할 수 있는 환경으로 많이 바뀌고 있다고 보여진다. 유튜버는 대표적인 사례이다. 개인이 몇 명이 모여서 기업을 하는 startup도 이에 해당한다고 본다. 여기서 일하는 개인도 '노동자'인가. 이들은 가치를 만들어내는 '생산자'이다. 개인은 소비자가 아니라 제품과 서비스의 사용자이다. 이제는 '생산자'이고 '사용자'로 개인이 거듭난다고 생각할 수 있지 않을까? 사회가 바뀌었는데도 아직 옛날 개념에 얽매어서 노동자와 자본가로 단순히 나누어 그룹 간의 대결 논리는 줄여가야겠다.

'창업가'도 이 분류에 넣자. 창업하는 사람은 자신을 노동자라고 생각하지 않는다. 자본가가 노동자에게 임금도 주지만, 자본가는 자기 돈을 벌어 줄 창업가를 쫓아다닌다. 또 창업가는 가치를 생산하는 사람들이다. 개인이 가치를 생산할 수 있을 정도로 기술은 충분히 발전했다. 기업조직에 의존하지 않아도 될 정도이다. 또, 사회도 전문화되었다.

우리 개인을 노동자로 우리 스스로 가두지 말아야겠다. 우리 개인을 소비자로 우리 스스로 가두지 말자. 우리를 가치생산자로 다르게 보고 우리에 대해 다른 접근을 해야 한다. 이런 담론은 누가 할 수 있을까?

번아웃된 MZ,
'소득크레바스' 베이비부머

　일이나 구직활동을 하지 않고 "그냥 쉰다"라고 응답하는 젊은이들이 증가하고 있다. 2024년 기준, 15세에서 29세 사이의 청년 중 약 40만 명이 이러한 상태에 있으며, 이는 역대 두 번째로 높은 수치이다. 이들은 원하는 일자리를 찾기 어려워 노동시장 밖에 머물고 있으며, 구직활동 자체를 포기한 경우가 많다. 이러한 현상은 경제 불황과 연관되어 있지만, 일자리 미스매치로 보인다. 본인이 지향하는 일자리가 부족하다는 의미일 것이다. 대학 입학도 어려운데 졸업 후에 일자리 찾기는 더 힘들다. 일자리는 어떻게 만들어지는가? 젊은이들이 원하는 일자리는 무언가? 젊은이 당사자도 불안하고 사회도 불안하다.

대학생 일자리 인턴제도를 수정해라

기업에 인력을 지원한다는 명분을 가지고 대학생 인턴 제도를 운영하는 정부 인력지원 프로그램이 있다. 정부가 예산을 많이 사용한다. 이런 프로그램을 위탁받아 운영하는 위탁기관과 전문관리기관에서 관련 회사에 전화해서 학생을 인턴으로 받아달라고 부탁한다. 필자도 학생의 인건비는 그 프로그램에서 제공하니까 훈련을 시켜주면 감사하겠다고 전화를 몇 차례 받은 적이 있다. 그 학생을 훈련하려면 기업 입장에서 훈련비용이 들어가는데 그 비용은 누가 지급합니까? 라는 질문을 했다. 이에 대한 대답은 따로 없었다.

인턴으로 파견 나간 회사에서 인턴들이 배우는 일은 단순 업무가 대부분이다. 학생들은 단순한 업무를 배우고 싶은 것이 아니라 자신들이 스스로 가치를 만들어내는 방법을 기업에서 배우고 싶어 할 것인데 현장에서는 그렇게 운영되지 않는다. 학교에서 배운 이론을 실습하고 싶어 할

터인데 기업 현장에서 그런 내용을 가르칠 수는 있지만 그러려면 인건비가 들어가기 때문에 선 듯 이런 프로그램에 참여하지 않는다. 때에 따라 기업이 참여하지만, 이들 인턴에게 출근부 도장만 찍게 한다. 이런 프로그램의 집행을 위탁받은 기관이나 전문관리기관은 이런 과정과 성과를 누구보다도 잘 알고 있는데 왜 시정되지 않는 것일까?

지하철을 이용하다 보면 출퇴근 시간대에 역마다 안전요원을 배치한 것을 목격한다. 어떤 경우는 지하철역을 올라가는 엘리베이터 옆에서 마스크를 한 시니어 요원을 마주친다. 8월의 더위에도 불구하고 코로나 때문인지, 얼굴을 가리고 싶어서인지 마스크도 대부분 쓰고 있다. 이런 일자리 이외에도 경로당 시설 요원 등 지방 정부가 일자리를 만들고 그 예산을 사용하는 사례이다.

단순 공공 일자리를 개선해라

서울시는 2021년에는 약 1만 개 이상의 일자리를 창출하여 고령자와 청년층에게 제공하였다. 부산시는 '부산형 공공일자리 사업'을 통해 매년 수천 개의 일자리를 창출하고 있다. 대체로 단순 업무에 해당하며, 지역 주민들의 경제적 자립을 지원하는 역할을 하고 있다.

공공기관에서 제공하는 이러한 일자리는 주로 각종 사회적 약자를 돕는 프로그램의 일환으로 추진된다. 그런데 이런 일자리는 시니어들의 지갑에는 단기적으로는 도움이 될지 모르지만, 개인의 평균수명이 늘어나는 상황에서 과연 우리 경제에 장기적으로 도움이 될까 싶다. 경력을 살릴 수 있는 다른 유형의 사회 서비스 형태 일자리를 더 기획해야 할 듯하다.

베이비부머 세대는 지금의 선진국을 만들어 낸 주인공이다. 1차 베이비부머 세대(1955~1963년)는 퇴직했고, 2차 베이비부머 세대(1964~1974년)는 퇴직을 앞두고 있다. 2차 베이비부머들을 만나면 고민이 많다. 우리나라 회사원의 정년이 49세(24년 통계)라는 기사도 나왔으니, 퇴직은 대부분 코앞에 다가와 있다.

우리 사회는 이들의 퇴직 이후에 대해 어떤 논의가 되고 있는지를 잘 모르겠다. 적어도 필자가 아는 범위 내에서 과학기술계는 거의 없다. 소속 기관에서 자체적으로 일부 연구원에 대해서만 위촉연구원의 개념을 활용하고 있다. 특별한 대안을 만들지 않는다. 1차 베이비부머 세대가 퇴직하고 이들을 지켜보는 2차 베이비부머 세대는 더 고민이 깊어지는 것 같다. '소득 크레바스'(퇴직 후 국민연금을 받을 때까지의 소득 공백기)를 메우기 위한 일자리가 필요하다. 고급인력의 일자리가 더 필요하다.

베이비부머를 사회적 자산으로 활용하자

정부는 베이비부머에 대한 일자리 정책 중 하나로 정년퇴직의 연장과 폐지를 이야기하고 노인의 나이 기준을 70세로 상향한다는 이야기를 한다. 건강하고 일할 수 있는 체력만 있다면 나이에 상관없이 근무할 수 있게 한다는 내용이다. 일자리에 대한 정책을 나이를 가지고 재단하고 있지만 이는 단순한 생각이다. 공무원들이 예산관리의 편의성만 생각하는 방법이다. 생각의 전환이 필요하다. 나이로 획일화시키지 말고 공공부문이 쉽게 단순 일자리만을 기획하지 말고 이들의 경력을 활용하면서 보람을 찾을 수 있는 일자리에 대한 고민이 필요해 보인다. 누가 대안을 준비 중인가?

요즘 '페레니얼 세대'라는 개념도 등장했다. 페레니얼의 원래 뜻은 다년생식물이다. 적당한 영양과 환경을 만들어 주면 계속 성장하는 다년생식물처럼 60대에도 활발한 전성기를 보내는 현상을 뜻한다. 로라 카 스텐슨 스탠포드 대학교 심리학과 교수가 2017년에 주장했다. '페레니얼 세대'의 사람들은 자신이 속한 세대의 생활 방식에 얽매이지 않고, 나이와 세대를 넘나드는 생활을 추구한다. 자신의 나이에 구애받지 않고, 자신이 원하는 일을 하며, 자신이 원하는 방식으로 삶을 살아간다고 정의하고 있다.

우리 사회는 다양한 미래를 향해 나아갈 수 밖에 없다. 능력과 경험을 인정받고, 원하는 일을 할 수 있는 사회로 가고 싶다. 일자리를 매치시키려면 일하고 싶어하는 사람의 욕망이 무엇인지를 파악하고, 그런 기회를 제공해주어야 한다. 그리고 매치된 일자리에서 생산성을 내기 위한 인센티브가 설계되어야 한다. 당연히 다양한 욕망이 있고 다양한 일자리가 제공되는 과정이 필요하다. 이 과정에 비용은 들겠지만 그래야 오래가고 사람들이 행복해진다. 누가 이런 담론도 리드해 주었으면 좋겠다.

언제까지 '기·승·전·카페', '기·승·전·치킨집'이지?

　식사하다가 주변이 시끄러워서 잠깐 귀를 기울여 옆 테이블의 삼삼오오 이야기를 듣다 보면, '뭐 먹고 살지'에 대한 고민 이야기가 대부분이다. 그런데 역시 "기승 전 카페"와 "기승 전 치킨집"이다. 개인들이 경제적 독립을 위해 사업을 시작하지만, 결국 선택지는 카페나 치킨집으로 귀결되는 경우가 많다. 이것이 트렌드인가? 관광지에는 온통 카페다. 주변에 너무 많은 카페와 치킨집이 있는 거 아닌가? 소상공인들의 선택지가 너무 좁은 거 아닌가?

　카페와 치킨집은 비교적 진입 장벽이 낮아서 초기 자

본이 상대적으로 적게 들고 운영 방식이 단순하다는 이유로 많은 사람이 선택한다. 하지만 이 비즈니스는 결국 과잉 경쟁을 초래하며, 생존율이 낮아진다.

2021년 중소벤처기업부 자료에 따르면, 국내 커피 전문점 수는 약 9만 개에 달한다. 이는 인구 대비 커피 전문점 수로는 세계 최고 수준이며, 과포화 상태를 의미한다. 또한, 창업 후 5년 내 폐업률도 50%를 넘는 것으로 나타난다. 2023년 기준으로 국내 치킨 프랜차이즈 가맹점 수는 약 2만 7천 개에 달했으며, 이 숫자는 매년 증가하고 있다.

소상공인들은 우리 경제에서 중요한 역할을 한다. 소상공인이란 주로 중소기업 중에서도 작은 규모의 사업체를 운영하는 사람들로, 자영업자, 동네 가게 주인, 프랜차이즈 운영자 등을 포함한다. 이들은 주로 지역 경제 활성화와 일자리 창출에 기여하고 있으며, 도시와 농촌 곳곳에서 다양한 상품과 서비스를 제공하고 있다.

하지만 대형 유통업체와의 경쟁이 점점 더 치열해지고 있다. 개인들이 온라인 쇼핑몰을 사용하고 대형마트가 늘어나면서 전통적인 소규모 상점들이 경쟁에서 밀려나고 있다. 물가 상승에 연동해서 상가 임대료가 지속적으로 오르고, 최저 임금 인상과 함께 인건비 부담이 커졌다. 우리 국민을 채용하기보다는 외국인을 고용하고 로봇을 구매할 듯하다. 중국에서 휴머노이드 로봇 전시회에서 휴머노이드 로봇 한 대를 1,800만 원에 공급하겠다고 하니, 10년 지나면 편의점에서 사람 만날 일은 없을 듯하다.

기술 봉건주의 시대에 들어왔다

야니스 바루파키스에 따르면, 지금 우리는 다시 봉건주의 시대로 돌아갔다고 한다. 그는 이를 기술(Tech)과 봉건주의(feudalism)를 합쳐서 "테크노퓨달리즘" 이라 하였다. 기술 발전이 자본주의 체계를 변형하여 새로운 형태의 사회 구조를 만들어냈다는 것이다. 싱귤레러티 시대에 대한 또 다른 표현으로 이해하면 된다.

아마존, 구글, 페이스북과 같은 빅테크 기업들이 막대한 데이터를 수집하고 이를 바탕으로 알고리즘을 통해 우리의 행동을 제어하면서 현대 사회의 새로운 "영주"로 자리 잡고 있다는 이야기이다. 이 기업들은 플랫폼을 통해 사람들의 개인정보를 이용하여 부를 축적하며, 사용자는 의도치 않게 "공짜 데이터 노동자"가 되어 빅테크기업들의 지배력을 강화하는 데 기여하고 있는 셈이다. 기술혁신이 우리의 자유를 증진하는 것이 아니라, 오히려 우리를 기술기업의 통제 아래 두고 있다는 비판이다. 우리 소상공인들은 여기에 어떻게 대응해야 할까.

통계청 자료에 따르면, 2022년 기준 자영업 폐업률은 전체 자영업자 중 약 25%에 달했으며, 그중 카페와 치킨집은 가장 높은 폐업률을 기록한 업종 중 하나로 나타났다. 이는 많은 사람이 쉽게 진입할 수 있는 업종임에도 불구하고, 성공적으로 유지하는 것이 어렵다는 것을 시사한다. 이와 같은 데이터들은 카페와 치킨집이 포화 상태인 시장에 진입하면서 창업자들의 실패 확률을 높이고 있다. 결국 장기적으로 사회 전체의 경제적 건강에 큰 우려가 된다.

이 문제를 해결하기 위해서는 이런저런 논의가 필요해 보인다. 어떻게 하면 소상공인들의 창업에 대한 다양성을 촉진할 수 있을까, 어떻게 하면 새로운 비즈니스 모델을 만들어낼까, 어떻게 하면 개인들이 창업을 선택할 때 더 깊이 있는 시장 조사와 준비를 할 수 있도록 도울 수 있을까, 어떻게 하면 기술을 이용해 창업하도록 유도할 수 있을까, 이런 문제에 고민을 오랫동안 해온 정부 조직과 공공기관이 있는데 '답'이 시원하지 않다. 아직도 개인들은 여전히 "기승전 카페"와 "기승전 치킨집"이다. 정부와 공공기관에 의존하지 말고 이제는 우리가 새로운 담론을 해야 하는 것 아닌가. 정부의 관련 예산이 성과를 내고 있는지 성과가 미흡하면 왜 그런지에 대해 궁금하다. 이제는 무언가 우리의 담론이 있어야 하지 않을까?

개도국 지도자가
선진국 선수를 이끈다,
잘 될까?

 무더운 8월, 2024 파리 올림픽에서 우리나라는 총 32개의 메달을 획득하며 금메달 13개, 은메달 9개, 동메달 10개를 기록했다. 약 150명으로 구성한 선수단이 대회에 참가해서 당초 목표였던 5개의 금메달보다 훨씬 더 많은 역대 최고의 성적을 내었다.

 미국은 금메달 40개, 선수단 규모는 약 600명, 일본은 금메달 20개, 선수단은 약 500명, 독일은 금메달 12개로 선수단 규모는 약 430명이었다. 우리는 다른 주요 국가들에 비해 상대적으로 작은 규모의 선수단을 파견했지만, 매우 효율적으로 좋은 성과를 거두었다.

그런데, 미국은 파리 올림픽 전에 약 39~42개의 금메달을 기대했으며, 실제로는 40개의 금메달을 획득했다. 일본은 18~20개의 금메달을 기대했으며, 실제로는 20개의 금메달을 획득했다. 호주는 15개의 금메달을 기대했고, 실제로 18개의 금메달을 획득했다. 독일은 11개의 금메달을 기대했으며, 실제로는 12개의 금메달을 획득했다.

금메달 기대는 5개, 실제는 13개 왜?

그럼 우리나라의 금메달 기대치 5개와 실제 달성한 13개, 그 예측에는 왜 이렇게 차이가 났을까. 좋은 성과를 냈다고 박수치고 지나가기에는 뭔가 석연치 않다. 선수들에게 인센티브가 커서 금메달 13개가 나왔나? 애국심과 선수들의 열정으로 13개가 만들어졌나? 올림픽 과정에서 이런저런 경기가 중계되면서 우리 국민은 행복감을 느낀다. 이 행복감은 측정이 안 되지만 매우 크다. 선수들의 경기 과정에서, 그동안의 훈련과정에서 우리에게 감동을 준다. 그리고 자극도 받는다. 올림픽 메달 경쟁에서 좋은 성과를 내게 하는 체육 시스템을 한 번 점검하고 싶다.

올림픽 금메달을 획득한 선수들에게 주어지는 인센티브는 국가마다 크게 다르다. 우리나라에서는 금메달을 획득한 선수에게 약 3억 원(USD 240,000) 상당의 보상이 주어진다고 한다. 이 보상은 2016년 리우데자네이루 올림픽 때부터 진행된 것으로 달라진 것은 없다. 이와 더불어 100만 원 상당의 평생 연금이 지급된다.

그런데 미국은 금메달리스트에게 약 USD 37,500의 현금을 보상한다. 또 선수들은 대개 개인 스폰서, 광고 계약 등을 통해 추가적인 수입을 얻는다. 일본의 금메달리스트는 약 USD 45,000의 보상을 받는다. 이와 함께 선수들은 공공기관의 직원으로 채용한다고 한다. 독일에서는 금메달 획득 시 약 EUR 20,000(약 USD 21,000)의 보상이 주어진다. 직접적인 현금 보상은 상대적으로 적다.

한 연구에 의하면 올림픽에서 메달을 획득하는 국가들은 경제적 인센티브에만 의존하지 않고 국가의 스포츠 정책, 교육 수준, 인프라, 문화적 요인 등 다양한 요소가 복합적으로 작용한다고 한다. 국가의 스포츠 시스템이 얼마나 잘 구축되어 있는지, 그리고 선수들에게 얼마나 체계적이고 지속적인 지원이 이루어지는지가 중요하다. 이들이 다른 분야로 원활하게 전환할 수 있도록 지원하는 프로그램 등 건강관리, 사회적 인식 프로그램 등이 포함된 통합적인 지원이 필요하다.

올림픽을 꿈꾸는 선수들에게 어떤 보상이 적합할까? 올림픽 경기를 보면서 우리에게 주는 기쁨의 가치와 국민적 자부심까지를 측정해서 이 중의 몇 분의 1이라도 예산으로 사용하자는 주장을 피고 싶다. 우리나라 체육인들이 운동을 열심히 하고 젊을 때는 올림픽, 월드컵에 도전하고, 나이가 들면서는 다른 활동을 할 수 있는 환경이 만들어져 있는지도 궁금하다. 이런 내용에 대해서도 담론이 필요해 보인다.

체육계 사태가
우리 사회 전체의 단면이다

한편, 배드민턴 세계 1등인 우리나라 선수의 기자회견도 관심을 끌었다. 이로 인해 서울에 돌아와서 사태를 파악한다고 야단법석이다. 대한체육회에 대한 문체부의 감사가 진행되고 그 결과도 발표되었지만, 대한체육회는 그 결과를 인정하지 않고 오히려 문체부가 감사받아야 한다고 주장한다. 감사원 감사로 서로의 잘잘못을 따져보자고 문체부와 대한체육회가 정면으로 맞선 셈이다. 이러한 현장을 보면 '끝'이 아닌가 싶다. 새로운 '시작'을 해야겠다는 생각이 든다.

개발도상국 시절에 리더와 선수는 호흡을 맞추기가 쉬웠지만, 선진국이 된 지금의 경우, "개발도상국 지도자가 추격형경제의 리더십을 가지고 선진국 선수들을 이끌고 있구나~"라는 생각이다.

과거에는 시험을 잘 보는 사람을 리더로 뽑아서 지도자 자리에 앉히면 크게 실패하지 않았다. 앞에 누구를 쫓아가야 하는 처지(개발도상국)였고 소위 학교 실력이 있으면 앞선 대상에 대해 정보를 빨리 확보하고, 해석하면서 뒤쫓아가면 되는 역할이 지도자의 주 업무였기 때문이다. 비교적 지도자가 되기 쉬웠다. 시험을 잘 보면 되거나 임명권자와 친하면 되는 세상이었다. 지금도 그런지도 모른다.

하지만 선진국은 쫓아가야 할 대상이 보이지 않는다. 우리가 가야 할 방향을 잘 제시하는 것이 지도자의 역할이 되었다. 구성원들의 생각을 잘 읽는 사람, 공감을 잘하는 사람이어야 하고 구성원들과 소통을 잘해야 하고 구성원들을 설득할 수도 있어야 한다. 지금 우리 사회에는 아직 후진국 리더들이 많은 것으로 보인다. 지금 우리의 리더들을 선진국 리더로 어떻게 바꿀 것인가? 이 방법을 이야기하자. 누가, 이 어려운 담론을 시작해줄까? 우리 사회의 개도국 지도자들보고 모두 내려오라고 하기도 어렵고 이들에게 교육받으라고 한다고 한들 그 리더십이 바뀔까? 필자의 가설은 우리의 수준을 올려야 한다. 우리가 깨어야 한다, 그리고 우리가 담론으로 이야기하면 개도국 리더도 바뀔 것이고 우리 눈에 맞는 새로운 지도자도 찾을 수 있다고 본다. 이런 상황이 지금 체육계 한 분야에만 있을까?

장자(莊子)의 〈천도편〉글에서 윤편(輪扁)이라는 수레공이 수레바퀴를 깎으면서 제후와 대화하는 장면이다. '감히 여쭙겠습니다, 지금 읽고 계신 책은 살아있는 성인의 말씀인가요? 아니면 죽은 성인의 말씀인가요?' '당연히 죽은 성인의 말씀이다.' 그러자 윤편은 '제후께서는 죽은 자들의 찌꺼기를 읽고 계시는군요.'

제후가 '무슨 말을 하는 것이냐?' 라고 묻자, 윤편은 '제가 바퀴 깎는 기술을 가지고 있는데 아들에게 이 기술을 전수하려 했지만 잘 안됩니다. 기술을 표현하기가 어렵습니다. 글로는 더 안됩니다. 수레바퀴를 많이 깎으면 굴대가 헐거워지고 덜 깎으면 빡빡하여 굴대가 들어가지 않습니다. 더도 덜도 아니게 정확하게 깎는 것은 손의 감각으로 터득할 수 있을 뿐, 입으로 말할 수 없으니 답답합니다'

옛 성인들의 지혜는 그들과 함께 죽었습니다. 그들이 남긴 글은 단지 그들의 잔재일 뿐입니다.'

2장

「사람공부」, 「역사공부」, 「자연공부」

시작과 끝 : 끄트머리

    선진국기준이 따로 없어도 우리나라의 경제성적표는 분명 선진국이다. 우리나라는 20세기 중반 전쟁의 폐허 속에서 출발해 짧은 기간 동안 급격한 경제성장을 이룬 대표적인 국가로 평가받고 있다. 우리나라는 2020년대 들어 국내총생산(GDP)이 세계에서 10위권 안에 드는 경제 대국으로 자리 잡았고, 수출 주도형 경제 구조를 바탕으로 첨단산업과 제조업에서 세계적인 경쟁력을 확보하고 있다. 반도체, 자동차, 조선, 전자제품 등의 분야에서 대한민국은 글로벌 리더로서 역할을 하고 있다. 또, 우리나라는 세계 6위의 수출국으로, 주요 교역 대상국들과의 탄탄한 무역

관계를 유지하고 있다. 자유무역협정(FTA) 체결 국가가 많다는 점도 우리 경제의 무역 경쟁력을 높이는 요소가 된다.

총생산, 산업발전, 생활 수준이 높아졌다

국제 신용 평가 기관들은 대한민국의 재정 건전성 및 경제적 안정성을 높이 평가하고 있다. 이는 국제 금융시장에서 안정적인 투자처로 인식되고 있다는 뜻이다. 또, 1인당 국민소득(GNI)은 2023년 기준으로 약 3만 5천 달러에 이르렀고, 국민의 생활수준 또한 크게 향상되었다. 교육, 보건, 인프라 등의 영역에서 높은 수준의 서비스를 완성했고, 그런 환경을 만들었다. 최근에는 스타트업의 생태계를 조성하면서 혁신 기반의 산업 성장도 도모하고 있다(아직 방향도 잡지 못했고 속도감도 없어서 걱정이다).

글로벌 경제 대국으로서의 위상, 기술혁신과 산업발전, 무역 강국으로서의 영향력 등은 대한민국을 세계 경제 무대에서 중요한 국가로 자리매김하게 했다. 이는 추격형 경제에서 이루어 놓은 성과이다. 그 동안의 우리나라 경제

성과는 단순한 수치 이상의 의미를 지닌다.

이제는 추격형은 끝났고 선도형으로 가자고 이구동성이다. 분야별로 선도형 경제에 대한 기대 모습은 다르다. 다르게 마련이다. 그리고 분야별로 새로운 리더십이 필요한 시점이다. 어느 한 사람이 목청을 높이면서 방향을 제시하고 그 뒤를 열심히 따르자는 개도국형의 리더십의 유효기간이 종료된 것 같다. 분야별로 여러 방향의 이야기가 있지만 어느 방향을 정하고 이를 어떻게 추진해야 할지는 조금씩 의견이 다르다. 아니 많이 다를지도 모르겠다. 이럴 때 어떤 선택을 해야 할지 당황스럽다.

오히려 우리 스스로가 생각해야 하고, 생각한 방향으로 실행해야 한다. 그래서 이제는 리더의 얼굴 쳐다보고 목소리 들으려 하기보다는 '과연 우리는 어디로 가야 하는가?, 우리는 이제 무엇을 해야 하는가?'에 대해 우리 사이에서의 논의가 필요해 보인다. 몇 가지 담론이 나올 수 있어야겠다. 다수가 동의하는 내용을 만들어 보아야 한다. 국민의 생각을 알아보기 위해 매번 국민투표를 할 수는 없지 않은가?

개인들의 생각이 담론으로 표현되고 또 다른 개인들은 이에 대한 동의 여부를 표현해보자. 필자가 하고 싶은 것은 기술혁신 관련 경제 담론을 하나 만드는 일이다. 품질 좋은 일자리를 만드는 경제, 성장과 배분을 함께 만드는 경제, 사회적 양극화가 풀려가는 경제를 생각하며 담론 하나를 만들어 보자.

문제를 지금 '눈'으로 보면 '답' 찾기 어렵다 | 우리나라의 압축성

장은 어쩔 수 없이 이런저런 그림자를 만들었다. 첫째, 새로 태어나는 아이들 숫자가 적고 경제활동에서 벗어나는 나이 든 이들이 많아졌다. 출산율이 낮아지고 노령화되면 경제에 부정적인 영향을 걱정한다.

둘째, 청년 실업이다. 청년들이 안정적인 일자리를 찾기 어려워서 경제적 불안을 느낀다. 경제 구조 변화, 직업과 기술의 불일치가 큰 문제가 되었다.

셋째, 서울을 비롯한 주요 도시의 부동산 가격이 상승하여 주택을 구매하기 어려워지고 있다. 과도한 부동산 가격 때문에 거품도 만들어지지만, 돈의 흐름을 왜곡시키는 것이 더 큰 문제다.

넷째, 경제성장에도 불구하고 소득 불평등은 심화되고

있다. 상위 소득층과 하위 소득층 간의 격차가 커지고 있다. 사회적 갈등의 원인이 된다.

다섯째, 인공지능, 빅데이터, 로봇공학 등 새로운 기술이 발전하면서 이들 기술에 대한 전 국민 교육 필요성이 커졌다. 디지털 문맹률이 높아지고 있다.

여섯째, 기후변화와 환경 오염은 경제적 부담을 가중하고 있다. 국민 건강에 심각한 미세먼지 문제도 해결해야 한다. 친환경 기술개발과 재생에너지 투자가 더 필요하다.

이 각각에 대해 정부는 부처별로 지금 각자 이에 대한 '답'을 찾는다. 그런데, 부처별 '답'을 찾기만 하면 되나? 싶다. 개별적인 답이 나오면 그것이 정말 '답인가?' 싶다. 문제가 복잡한데, 부처의 업무처리는 기계적 조직의 특성상 자신의 영역 안에서만 답을 찾게 된다. 우리 부처의 역할은 여기까지니까 '답'도 그 범위 안에서만 찾는다. 다른 부처와의 관계를 통해, 다른 부처의 활동과 연계하면서 '답'을 찾아야 하는 것이 기본인데, 부처가 할 수 있는 '답'만 찾는다. 그 '답'은 틀리지도 않고 그 '답'은 맞지도 않는다.

문제를 다르게 보는 눈을 갖는 것이 실마리를 풀어가는 지름길이다. 이를 창조적이라고 하고 '사고의 유연성'이라고도 표현한다. 새로운 아이디어를 만들어내고 이 아이디어가 문제 해결의 실마리가 된다. 이러기 위해서는 무엇보다 다양한 분야에 대한 지식이 필요하다. 다양한 분야에 대한 지식을 쌓으면 그 분야들 사이의 연결고리를 찾아낼 수 있다.

스티브 잡스는 창조적인 아이디어를 내는 현상을 '점을 연결하기(connecting the dots)'로 표현하였다. 이는 새로운 아이디어를 생성하는 데 필수적이다. 책으로 다양한 지식을 얻고, 글로 표현하기 어려운 경험도 구하고 다른 시각으로 문제를 보면 답이 달라질 수 있다. 우리들의 아이디어를 여럿이 모아서 답을 찾아보자.

정부 '답'은 틀리지도 않고 맞지도 않는다

우리는 1인당 국민총소득 5만 불, 6만 불, 7만 불인 국가로 더 발전하고 싶다. 그리고 개인별 국민소득의 편차를 줄이고 싶다. 여기에 합당한 국민총소득을 늘리는 방법논의가 필요하다. 앞서 이야기한 것처럼 조각조각 논의는 많다. 하지만 큰 방향에 대한 논의가 필요하다. 누가 주연을 맡을지, 누가 조연을 맡을 것인지 생각하고 역할을 분담해야 한다. 환경이 바뀌다 보니까 이에 맞게 역할도 어떻게 바꿀지를 생각해 보자. '횡'으로만 보지 말고 '종'으로도 보아야 한다. 지난번에 주연을 맡았으면 이번에는 조연을 맡아 보자. 우리는 하나의 팀이니까.

'지금까지의 판'에서 손해 보았다고 생각하는 사람이 '미래의 새 판'에서는 회복이 되는 방향으로 논의가 필요하다. 나름, 충분하게 공개적인 논의가 필요하다. 그래야 담론이 나오고, 중지(衆智)가 모인다. 이 책에서 시도하는 것은 국민소득 7만 불의 양극화를 줄이는 더 나은 경제를 만들기 위한 「경제사회담론」이다. 담론의 제목은 "5차산업혁명을 추진하자!"이다.

어제까지의 우리나라는 경제성장을 이루기 위해 속도를 중시했다. "빨리빨리" 문화는 우리나라가 전쟁의 폐허에서 빠르게 재건하고, 단기간에 세계적인 경제 대국으로 성장하는 데 크게 이바지했다. 효율성을 극대화했고, 자원을 최적화했으며, 가능한 한 짧은 시간 안에 성과를 냈다. 이러한 '속도'는 우리의 기술 발전에도 영향을 미쳤다. 우리는 새로운 기술을 신속하게 도입하고, 이를 빠르게 개선하는 추격형(Fast Follower) 전략을 통해 글로벌 시장에서 경쟁력을 확보했다. 하지만 문제점도 드러냈다.

속도와 방향을 함께 생각하자

하나, 빠르게 움직이는 데에만 집중하다 보니, 장기적인 비전과 전략이 부족해진 것 같다. 경제와 기술은 단기적인 성과를 기대하면 발전하였고 지속 가능한 성장을 위한 장기적인 방향성과 목표 설정은 쉽게 찾을 수 없다.

둘, 속도를 중시하는 문화는 여러 측면에서 일의 품질을 크게 떨어뜨렸다. 신속한 결과를 내는데 필요한 과정과 절차를 무시하다가 제품이나 서비스의 품질을 떨어뜨렸다. 성과 지표가 질(質)보다는 양(量)에 초점이 맞추어졌다. 정책도 많기만 하고 성과가 있는지, 없는지도 잘 모른다.

셋, 속도 중심의 문화는 사회 전반에 걸쳐 스트레스와 과로를 유발하였다. 무한 경쟁으로 스트레스를 너무 많이 주기도 하고 받기도 한다. 이는 개인의 건강과 사회의 전반적인 행복도에 부정적인 영향을 미쳤다. 그래서 출산율이 낮아진 것이다.

최근 들어 이러한 속도 중심의 사고방식에 대해 다시 한번 생각하게 된다. 특히 경제와 기술 발전의 맥락에서 속도도 중요하지만, 더 중요한 것이 있다는 인식이 확산하고 있다. 그것은 바로 "방향"이다. 방향은 우리가 어디로 가야 하는지를 결정짓는 요소로, 목표를 설정하고 그 목표를 달성하기 위한 구체적인 경로를 계획하는 데에 필수적이다. 방향을 제대로 설정하지 않고 단순히 빠르게 움직이기만 하면, 잘못된 길로 들어서거나, 불필요한 노력을 기울이게 될 수 있다. 결국, 속도는 방향이 올바르게 설정된 후에야 비로소 의미가 있다. 속도가 올바른 방향성을 동반하지 않으면 그 가치는 크게 제한될 것이다.

지속 가능한 성장, 혁신, 조화로운 발전을 위해서 방향성을 설정하고, 그에 따라 전략적으로 움직이자. 우리 사회와 경제가 앞으로도 글로벌 무대에서 선도적인 역할을 하기 위해서는 이러한 방향성을 바탕으로 한 장기적인 비전과 전략이 필요하다.

철학이 중요하다

우리는 삶의 근본적인 질문에 대한 체계적 사고, 즉 철학을 갖고 살아간다. 우리가 무엇을 추구해야 하며, 어떻게 행동해야 하는지를 결정하는 근본적인 원칙을 제공하기 때문이다. 철학은 방향을 정하는 과정에서 의사결정 기준을 제공한다. 복잡한 상황에서 무엇이 옳고, 무엇이 바람직한지에 대한 기준이 필요할 때 철학은 그 가이드 역할을 한다. 단기적인 이익보다 장기적인 목표를 중시하는 철학적 접근으로 지속가능한 성공을 기대하게 된다.

철학은 단순히 성공을 넘어, 우리 행동이 미치는 영향도 다시 한번 생각하게 한다. 이 과정은 사회의 모든 주체에게 적용되기에 철학은 개인의 삶뿐만 아니라 기업에도 매우 중요하다. 애플은 "사람들을 위한 기술"이라는 기업 철학을 바탕으로 사용자 경험을 최우선으로 생각하는 방향을 설정했고, 테슬라는 "지속가능한 에너지 구현"이라는 철학을 바탕으로 청정에너지 솔루션을 제공하는 방향으로 나가고 있다.

철학은 왜 그것을 해야 하는가에 대한 근본적인 질문을 던지게 하고, 이를 통해 더욱 의미 있고 지속가능한 방향을 찾아가게 한다. 그래서 시작할 때 철학이 필요하다. 이런 담론을 시작으로 다른 담론이 연이어 나오면 좋겠다.

생각을 바꾸자, '판(Frame)'을 바꾸자

압축성장을 하면서 본의 아니게 구조물을 만들었다. 미래로 나가려면 이 구조물, '벽'을 없애야 한다. 이럴 때 '판'을 바꾸거나 이 '벽'을 뉘어서 다리를 만들어야 한다.

많이 알려진 수수께끼 하나를 생각하자. (3×3) 그리드를 만드는 9개 점이 있다. 9개의 점을 4개의 직선으로 모두 연결하는 수수께끼이다. 조건은 4개의 직선을 한 번에 이어 그린다는 것이다. 손을 떼어서 직선 4개를 그리면 안 된다.

이 수수께끼를 푸는 접근 방법은 '상자 밖으로 생각하

기'이다. 주어진 틀을 벗어나서 생각해보면 해결책이 보인다. 실제 한번 해보자. 옆의 냅킨 위에 펜을 들고 9개의 점을 정사각형으로 찍어보자. 그리고 이 그림에다가 직선을 한번 그려보자.

우리는 주어진 틀 안에서 생각하려는 경향이 있다. 우리는 어떤 문제를 해결하거나 새로운 아이디어를 찾아내는 데 제한을 둔다. 하지만 이 '상자 밖으로 생각하기'는 이러한 제한을 깨고, 더 넓은 시각으로 문제를 바라보자는 예시이다.

9개의 점과 4개 직선의 수수께끼를 풀자

이 수수께끼는 우리에게 이런 가르침을 준다. 개방적인 마음을 갖게 한다. 우선은 제약에 도전해야 한다. 제약은 창의력을 제한한다. 많은 이들이 처음에 선을 (3×3)의 그리드의 경계 안에만 그리려고 한다. 하지만 이러한 제약에서 벗어나는 것은 창의적 문제 해결에 중요하다. 발상의 전환이다. '답'은 직선을 그리드의 가상 경계를 넘어 그릴 수 있다는 것을 포함한다. 눈에 보이는 한계를 넘어 생각해야 한다.

비선형인 사고를 해야 한다. 기존 사고의 연장선상에서 해결책은 해결책이 아닌 경우가 많다. 해결책은 종종 예기치 않게, 이제까지의 관례적 접근으로는 찾기 어렵다. 창의성은 정통이라고 생각하는 방법에서 벗어나면 나타난다.

끈기와 반복이 필요하다. 처음에는 많은 시도를 하고 실패할 수 있지만, 끈기가 있어야 성공으로 갈 수 있다. 반복적인 시도를 하다 보면 접근 방식이 정제된다. 매번의 실패가 해결책에 더 가까워지도록 통찰을 제공한다.

추상적으로 생각하는 능력개발이 필요하다. 물리적 제약에 묶이지 않은 패턴과 해결책을 찾아보는 연습이 된다. 복잡한 문제의 해결책을 복잡하게 생각하지 않고, 더 단순하게 한 구성을 통해 답을 찾으려 한다. 문제가 복잡하다고 복잡한 답이 있지 않다. 접근 방식을 단순화해보자.

복잡한 문제를 해결하려고 할 때, 기존의 방식으로는 답을 찾기 어려운 경우가 종종 있다. 이런 상황에서 단순히 문제를 분석하고 논리적으로 접근하는 것만으로는 한계가 있을 수 있다. 이때 중요한 것이 바로 '프레임(Frame)'을 바꾸는 것이다. 문제를 바라보는 관점을 근본적으로 전환하는 이 방법은, 창의적인 해결책을 찾는 데 있어 매우 강력한 도구가 된다.

프레임을 바꾸자, 다른 답이 만들자

실제 사례로, 20세기 초의 항공 업계를 생각해보자. 당시 비행기는 하늘을 나는 방법에 대한 전통적인 이해에 기반하여 설계되었다. 그러나 라이트 형제는 새의 날개를 관찰하면서 날개를 고정된 것이 아니라 조정할 수 있는 구조로 만들면 비행기를 더 안정적으로 조종할 수 있을 것이라는 아이디어를 떠올렸다. 그들은 하늘을 나는 전통적인 프레임을 바꾸어, 비행기의 날개를 조정할 수 있는 구조로 설계함으로써 비행을 가능하게 만들었다.

라이트 형제, 오빌과 윌버는 현대 항공기의 아버지로 알려졌지만, 그들의 성공은 단순한 기술적 발전에 그치지 않고, 문제를 바라보는 기존 프레임을 근본적으로 바꾸었다는 점에서 시작한다. 창의적인 사고와 혁신의 대표적인 사례로 자주 언급된다.

대부분 비행기 발명가는 큰 날개와 강력한 엔진만 있으면 하늘을 날 수 있다고 생각하면서 새가 날아오르는 모습을 흉내 내는 데 집중했다. 비행기를 실제로 조종하고 제어하는 문제에 대해서는 깊이 고민하지 않았다. 하지만 라이트 형제는 이러한 전통적인 프레임에서 벗어나 문제를 새롭게 정의했다. 그들은 단순히 하늘을 나는 것에만 집중하지 않고, 비행 중에 안정적으로 기체를 조종하고 균형을 유지하는 방법에 초점을 맞췄다. 이 문제를 해결하지 않으면 비행 자체가 불가능하다고 생각했기 때문이다. 이들은 날개에 비틀림(wing-warping)이라는 개념을 도입했다. 날개의 앞부분과 뒷부분을 서로 반대 방향으로 비틀면 기체가 회전하거나 기울어지는 것을 제어할 수 있었다. 이는 현재의 비행기 조종 날개의 초기 형태였고, 비행기를 조종하는 데 필요한 필수 요소가 되었다.

새로운 관점으로 문제 푸는 연습을 하자

라이트 형제의 사례는 복잡한 문제를 해결할 때 프레임 전환이 얼마나 중요한지 잘 보여준다. 기존의 틀을 깨고 새로운 관점에서 문제를 바라보는 것이야말로 혁신의 시작이며, 이러한 창의적 사고는 우리가 직면한 다양한 문제를 해결하는 데 있어 강력한 도구가 될 수 있다.

기존의 프레임에 갇혀 있으면 답을 찾기 어렵다. 창의적인 아이디어는 종종 문제를 바라보는 관점을 근본적으로 전환하는 데서 비롯된다. 복잡한 문제가 해결이 안 되면 프레임을 바꿔보자. 기존의 한계를 넘어선 새로운 해결책을 발견할 수 있다.

피라미드형 비즈니스 생태계가 필요하다

우리에게 피라미드형 비즈니스 생태계가 필요하다. 인도에서 독수리의 감소로 50만 명의 사망자가 발생했다는 사실이 알려져 충격을 주고 있다. 1990년대 중반까지 5,000만 마리에 달하던 인도 내 독수리가 멸종 수준까지 떨어졌고 이에 따라 5년간 인구 50만 명의 사망을 유발했다고 전했다. 독수리의 멸종은 독수리에게 치명적일 수 있는 디클로페낙(비 스테로이드성 진통제) 때문이었다. 이 약으로 처리된 가축의 사체를 먹고 자란 독수리들은 신부전을 앓아 죽었다. 독수리의 사망은 사람의 사망으로도 이어졌다. 5억 마리 이상의 가축을 보유하고 있는 인도에서 독수리는 동물들의 사체 처리에 핵심 역할을 한다. 그런데, 독수리가 없어지면 질병은 확산될 것으로 확신한다는 내용이다. 이 질병으로 사람이 죽는다. 인도 정부는 독수리 보호 및 복원에 나서고 있지만 성과가 나올지는 미지수다. 지난해 서부 벵골 지역의 한 호랑이 보호구역에서 포획되어 사육되다가 위성 태그를 부착하고 구조된 20마리의 독수리가 방생됐다. 최근 인도 남부에서 진행된 조사에서는 300마리 이상의 독수리가 확인됐다. 하지만 더 많은 조치가 있어야 독수리 복원 성과가 나올 것으로 전망된다.

피라미드형 생물생태계를 눈여겨보자

생물생태계는 피라미드 구조로 설명한다. 이 생물생태 피라미드는 생태계 내에서 먹이 사슬에 의해 이루어지는 생물의 수와 양을 표시하는 피라미드 모양의 관계를 나타낸다. 이는 생태계의 구조와 기능을 시각적으로 보여주고 다양한 생물 종 간의 먹이 관계와 에너지 흐름을 이해하는 데 도움을 준다. 생물생태 피라미드는 에너지 흐름, 생물량, 개체 수 측면에서 파악하고 평가도 한다. 건강한지, 지속 가능한지 평가한다.

우리는 이 피라미드형 생물생태계를 잘 벤치마킹해야 한다. 새로운 비즈니스를 만들고 이 비즈니스의 밸류체인을 생각할 때 좋은 교훈과 아이디어를 주기 때문이다. 우선 생물생태 피라미드를 분석해 보자.

첫째, 에너지 흐름과 효율성이 있다. 이는 1차 생산자(식물)에서 최상위 포식자까지의 영양 단계에서 에너지의 흐름을 보여준다. 대사 과정에서 주로 열로 손실되기 때문에 에너지는 영양 단계가 올라갈수록 감소한다. 한 영양 단계에서 다음 단계로 에너지의 약 10%만 전달된다고 한다.

둘째, 생물량 피라미드이다. 이는 각 영양 단계에서 살아있는 생물체의 총질량을 나타낸다. 보통 하위 영양 단계(생산자)에서의 생물량이 상위 단계(소비자)보다 많다. 모든 영양 단계가 1차 생산자에 의존하고 있으며, 어느 단계가 제거되거나 감소하면 전체 생태계에 미칠 수 있는 잠재적 영향을 나타낸다. 일반적으로 피라미드의 기초(생산자)에는 더 많은 개체가 있으며, 최상위 포식자로 갈수록 줄어든다. 이 구조가 개체군 역학을 반영하며, 생태계의 건강 상태를 나타낼 수 있다. 균형 잡힌 피라미드는 안정적인 생태계를 암시한다.

셋째, 피라미드는 또한 생태계 내에서 영양소가 어떻게 순환하는지를 간접적으로 나타낸다. 영양소는 토양과 물에서 생산자가 흡수하고, 다음 단계의 소비자에게 전달되며, 최종적으로 분해를 통해 환경으로 돌아간다. 또, 피라미드는 생태계를 뚜렷한 단계로 단순화하지만, 생물 간의 복잡한 먹이 관계를 표현해주고 이를 통해 분석도 한다.

넷째, 시간에 따라 생물생태 피라미드의 형태나 구조 변화는 오염, 기후변화, 서식지 파괴, 자원 남용 등 환경변화나 영향을 나타내는 지표가 된다. 이는 에너지 전달의 효율성, 생물의 분포 및 생태계의 전반적인 건강과 안정성에 대한 통찰을 제공한다. 효과적인 생태계 관리와 보전 전략에 필수적이다.

비즈니스 생태계를 피라미드형으로 만들자

피라미드 형태의 생태계에서 얻을 수 있는 이러한 통찰을 비즈니스 생태계로 연결해서 해석해 보자.

첫째, 생태 피라미드처럼 비즈니스 생태계에서도 자원(에너지)이 하위 단계에서 상위 단계로 이동한다. 하위 단계에서는 기본 제품이나 서비스를 제공하고, 상위 단계로 갈수록 더 복잡하고 부가가치가 높은 제품이나 서비스가 만들어진다. 그래서 단계별 경제주체들은 자원을 효율적으로 사용해야 성공한다. 각 단계에서 낭비를 최소화하고 자원을 최대한 활용하는 동기부여는 각 단계의 경제주체들의 몫이다.

둘째, 비즈니스 주체의 양에 대한 비교가 가능하다. 단계별로 하위 단계의 중소기업 수가 많고, 계층의 위로 올라갈수록 기업의 수가 줄어든다. 이 역학 구조가 안정성을 표현해준다. 피라미드의 하부에 있어야 할 기업들의 숫자가 매우 중요하다. 단지 숫자가 많아서는 안 되고 바로 상위 계층의 기업들과의 관계성을 어떻게 갖는 기업의 숫자가 중요하다. 모든 단계가 유기적으로 연결되어야 하며, 하위 단계 개체의 기초가 튼튼해야 상위 단계가 안정적으로 된다.

셋째, 생태 피라미드의 단계별로 하위에서 필요한 자원 확보하는 것이 중요하듯이 비즈니스 생태계에서 자원 확보가 지속해서 필요하다. 기술과 아이디어의 혁신도 피라미드 구조로 볼 수 있다. 하위 단계에서는 소규모의 혁신이 일어나며, 상위 단계로 갈수록 큰 변화와 혁신이 발생한다. 생물생태 피라미드와는 다르지만, 스타트업이 지속적인 혁신을 통해 단계적으로 성장하고, 상위 단계로 올라가는 것을 목표로 두는 때도 있다.

넷째, 비즈니스 생태계의 구조나 형태가 변하기 시작하면 개인들의 먹고살 거리가 영향을 받는다. 저항이 심해지고, 이런저런 사회문제가 발생한다. 자영업을 하는 소상공인들이 비즈니스 생태계에 차지하는 비중이나 이들의 먹거리 내용, 스타트업의 분포와 비즈니스의 내용, 금융의 지원 등등을 분석해 보면 비즈니스 생태계의 분석이 가능하다. 생물생태계 피라미드에서의 균형처럼, 비즈니스 생태계에서도 각 단계 간의 균형이 중요하고, 이 균형을 통해 지속 가능성이 판단된다. 모든 단계가 건강하게 유지될 때 전체 생태계가 지속할 수 있다. 경제주체들은 단기적인 이익보다 장기적으로 비즈니스 생태계를 망가뜨리지 않으려는 노력이 필요하다. 기업의 책임이 크다.

100년 한류를 꿈꾼다, 대항해시대를 배우자

 1990년대 중반부터 우리 정부는 문화산업을 국가 경제의 중요한 부분으로 만들려고 노력했다. 정부의 예산지원은 많지 않았지만, 대기업이 엔터테인먼트 산업에 투자하도록 등도 떠밀었다. 민간의 창작자들은 새로운 것을 만들고 또 만드는 연속이었다. 왜 그렇게 열심히 만들었냐고 물어보면, '그렇지 않으면 죽으니까!'가 답이었다. 결과는 대성공이다. 왜 이렇게 되었나? 한류의 확산은 수십 년에 걸친 정부의 관심과 지원, 민간의 창의력과 지치지 않는 실천, 그리고 마침 문화산업의 디지털 플랫폼이 이를 가속화시켜 주었다. 문화체육관광부는 다양한 문화 프로젝트에 세금 혜택과 같은 인센티브를 제공하고, 문화 콘텐츠 제작을 위한 재정적 지원을 확대하려고 노력했다. 해외에서 우리 문화를 홍보하기 위해 문화 이벤트와 프로모션을 확대하고, 디지털 플랫폼을 통한 홍보도 강화했으며, 이를 통해 한류의 글로벌 인지도를 높였다. BTS가 우리 대통령과 함께 UN 총회에 참석하여 연설하며 우리 문화 외교를 추진하기도 했다.

반면에 민간은 창의적 콘텐츠를 만드는 것에 집중했다. 창의적인 K-팝 아이돌 그룹과 우리나라 드라마는 독특한 콘텐츠로 전 세계 팬들의 마음을 사로잡았다. PSY(싸이)의 "강남스타일"과 같은 곡이 전 세계적으로 히트하며 한류를 대표하는 아이콘이 되었다. 이는 음악과 드라마 제작사들의 창의적 노력과 투자 덕분이다. 재벌 그룹으로 커진 기획사들의 눈살 찌푸리게 하는 뉴스도 있기는 하지만 새로운 컨텐츠를 만드는 개인과 기업들에 박수를 보낸다.

세계문화산업을 키운 문화 플랫폼의 역할도 대단하다. YouTube, Netflix 등 글로벌 디지털 플랫폼이 우리 문화를 전 세계에 쉽게 접근할 수 있도록 했다. 한류 콘텐츠의 빠른 확산에 이바지했다. 게다가 K-팝 팬덤은 단순히 음악을 소비하는 것을 넘어, 적극적인 홍보와 이벤트를 통해 한류 확산에 이바지했다. 팬덤의 자발적인 활동은 한류의 지속적인 인기를 유지하는 데 중요한 역할을 하고 있다.

대항해시대는 기업가 정신으로 만들어졌다

한편, 이 시점에서 대항해시대(大航海時代)를 기억해 보자. 대항해시대는 15세기부터 17세기까지 유럽 열강들이 대서양을 넘어 신세계와 아시아로의 해상 탐험과 정복을 적극적으로 전개한 시기를 말한다. 이 시기는 탐험, 정복, 식민지화, 무역의 시대였으며, 유럽의 경제적, 정치적, 사회적 변화를 촉발한 중요한 시기였다. 대항해시대는 지역적인 공간을 늘려나가면서 부를 만들겠다는 당시 유럽 국가들의 노력이었다면 한류라는 문화공간을 늘려가려면 우리가 무엇을 해야 하는지를 생각해보기 위함이다.

중세 말기의 유럽은 경제적, 정치적, 사회적 변화의 시기였다. 십자군 전쟁 이후 유럽인들은 아시아와의 무역으로 향신료, 비단, 보석 등 귀중품을 갖고 싶었다. 이들의 수요가 급증했다. 그러나 오스만 제국의 확장으로 인해 육로 무역이 차단되자, 유럽 열강들은 새로운 해상 무역로를 찾기 시작했다. 수요가 있으니까 비즈니스가 만들어졌다. 기업가 정신이 대단했다.

포르투갈은 대항해시대의 선구자로서, 항해왕 엔히크(헨리) 왕자의 지도로 아프리카 서해안을 따라 남쪽으로 항해를 시작했다. 바르톨로메우 디아스는 1488년 희망봉을 발견하였고, 바스쿠 다가마는 1498년 인도로 향하는 항로를 개척했다. 스페인의 크리스토퍼 콜럼버스는 1492년 서쪽으로 항해하여 신대륙(아메리카)을 발견했다. 이후 페르디난드 마젤란은 최초로 세계 일주 항해를 성공적으로 마치며 지구가 둥글다는 사실을 입증했다. 16세기 후반에서 17세기에 이르러, 영국, 프랑스, 네덜란드 또한 대서양을 넘어 북미와 아시아로의 항로 개척과 식민지 건설에 나섰다. 이들은 동인도회사를 설립하여 무역을 독점하고, 전 세계로 그 영향력을 확장했다. 이 시기에 경제적 변화도 있었지만, 다양한 문화적 교류가 생겼고, 과학기술 발전을 가속했다. 반면에 대항해시대는 유럽 열강의 식민지 건설로 인해 원주민들이 유럽인의 정복과 식민 통치로 인해 고통받았고, 지금도 그 후유증을 여기저기에서 겪고 있다.

한류가 전 세계로 확산하고 있는 지금, 과거 대항해시대의 경험에서 배울 수 있는 중요한 교훈들이 있다. 이러한 교훈은 지금의 한류를 지속할 수 있는 확장을 돕는 데 유용할 수 있다. 첫째가 기술혁신의 중요성이다. 대항해시대는 항해 기술과 지도 제작의 발전을 통해 가능했다. 이러한 기술혁신은 새로운 항로 개척과 세계 탐험을 가능하게 했다. 한류의 확장을 위해서는 최신 기술의 도입과 활용이 필수적이다. 스트리밍 플랫폼, 소셜 미디어, 가상 현실(VR) 및 증강 현실(AR) 기술을 통해 한류 콘텐츠를 전 세계에 더 쉽게 전달할 수 있다. 이를 통해 더 많은 사람이 한국 문화를 경험하고 즐길 수 있게 된다.

대항해시대에 문화 교류가 폭발했다

대항해시대는 다양한 문화 간의 교류를 촉진했다. 이 과정에서 새로운 지식과 아이디어가 교환되었지만, 동시에 문화적 충돌과 오해도 발생했다. 한류의 성공적인 확장을 위해서는 다른 문화와의 상호 이해와 존중이 중요하다. 한류 콘텐츠 제작 시 다양한 문화적 배경을 고려하고, 현지화된 콘텐츠를 제공하여 글로벌 팬들과 더 깊은 연결을 형성할 수 있다. 그들의 문화와 연결하는 컨텐츠 제작과 그들의 문화를 우리나라에 소개도 필요하다.

대항해시대는 유럽 국가들에 엄청난 경제적 이익을 가져왔지만, 이는 종종 식민지 주민들의 희생을 동반했다. 이에 따라 많은 사회적, 경제적 불평등이 발생했다. 우리는 한류의 경제적 이익을 극대화하면서도 윤리적이고 지속할 수 있는 모델을 구축해야 한다. 공정한 노동 관행을 준수하고, 환경친화적인 제작 방식을 채택하며, 현지 커뮤니티와 상생할 방법을 모색해야 한다. 우리의 리더십의 크기에 따라 한류 문화를 세계 속에 더 큰 꽃을 피우게 할 것이다.

대항해시대의 탐험가들은 새로운 환경에 적응하고 배워야 했다. 이는 그들이 성공적으로 새로운 땅을 탐험하고 정착할 수 있게 했다. 한류의 확장을 위해서는 지속적인 학습과 적응이 필요하다. 글로벌 트렌드를 파악하고, 팬들의 피드백을 반영하며, 새로운 시도와 혁신을 통해 한류 콘텐츠를 지속적으로 발전시켜야 한다.

윤리를 생각하고 사회적 책임을 지는 모습이어야 한다. 대항해시대의 탐험과 식민지화는 종종 원주민들의 권리를 침해하고, 환경을 파괴하는 결과를 초래했다. 한류의 확장 과정에서도 윤리적 고려와 사회적 책임을 중요시해야 한다. 현지 문화를 존중하고, 현지 법규를 준수하며, 사회적 책임을 다하는 기업 운영이 필요하다. 이를 통해 지금의 한류인기를 100년간 지속해보자.

새로운 개념의 설계와
이의 관철이 핵심이다

　제22대 국회의원 비례대표 선거 용지의 길이는 무려 51.7cm였다. 약 52cm에 38개 정당이 표시되었다. 이는 우리 사회를 '이렇게 만들자'라는 다양한 의견이 있다는 것이다. 그만큼 우리 사회에 자기주장을 하는 이들이 많다는 이야기이다. 이 얼마나 멋진 일인가? 독창적이라는 이야기이다. 그리고 주장도 할 줄 안다는 거다. 그런 주장을 할 정도의 에너지가 있다는 것으로 해석이 된다. 그런데 38개는 너무 많은 거 아닌가?

　경제에 대한 미래와 사회에 대한 미래에 대해 4~5개

의 담론이 있어야 하지 않을까? 그래야 토론하면서 장단점을 비교하면서 판단하고 그중의 한 개를 정해서 추진해야 하지 않나? 속도를 가치로 두고 움직였던 시대가 1960년대부터 2020년까지라면 이제는 방향에 가치를 두어야 한다. 방향이 정해지면 우리의 장점인 속도를 낼 수 있으니까. 파리 올림픽의 젊은 선수들이 활약하는 것을 보면 열악한 환경에서도 몸을 갈아 넣으면서 메달을 땄다. 반효진 금메달리스트는 총을 안 들고 있을 때도 머리로는 쏘는 상상을 했다고 한다. 새로운 개념도 세계 1등을 목표로 만들어 보자.

일반 우리가 모여서 '개념'을 만들자

대학교에서 강의를 부탁받아 몇 차례 움직여보았다. 강의실에 듣는 학생들이 들어오면서 앉는 광경을 지켜보다 보면 예과 지금이나 똑같은 것이 있는데, 듣는 사람들이 강의실에 앉는 자리이다. 필자 때도 그랬지만, 앞 좌석은 비어있고 뒷좌석부터 들어와 앉는다. 우리가 앞에 앉지 않고 뒤에 앉는 심리는 무엇일까? 또 하나는 어떤 주제에 대해 누가 먼저 손들고 의견을 이야기하는 토론문화가 정착되지 않았다. 강의한 사람이 첫 번째 토론자를 유도하는 노력을 열심히 해야 토론을 겨우 시작할 수 있다. 담론의 문화도 우리에게는 익숙하지 않을 듯하다. 해서, 필자가 발제도 먼저 손들어 이야기를 시작하자, 토론을 시작해보자는 생각으로 이 글을 준비하였다. "미래를 위해 이런 담론 어때요?"를 생각하면서 말이다.

정부가 계획을 세우고 다른 경제 주체가 일사불란하게 움직여주는 추격형(Fast Follower)으로 효과를 크게 보았다. 하지만 이제는 선도형(First Mover)을 해야 한다. 그런데 이를 어떻게 추진할지는 잘 모른다. 몇몇 대기업 말고는 해본 적이 없으니까. 경제주체들은 또 이해관계 차원에서 얽혀있다. 무언가를 결정하기도 쉽지 않고 행동하기는 더욱 어렵다. 변화의 첫 단추를 채우지 못한다. 추격형에 만들어진 각자의 역할에 익숙해서 다른 역할을 하려 하지 않는다. 멈칫거린다, 귀찮아하는 것 같다. 그렇다고 지금이 편하지는 않지만 먼저 발을 내딛기는 왠지 두렵고 싫다. 지금까지의 추격형으로 성과를 만들어 낸 성공방정식이 이제 걸림돌이 되었다.

◆ 전인수 교수와의 대담

 전인수 이사장님에게 새로운 답을 어떻게 찾는지를 알아보려고 인터뷰했다. 이하는 전인수 이사장님과의 대화이다.

(문) *선생님 책(개념 설계의 시대)에서 설명을 잘 해주셨지만, 제가 보기에 지금이 새로운 개념을 만들어야 하는 시간대로 보입니다. 새로운 개념을 만들려면 어떤 방법으로 어떻게 진행해야 할까요?*

(답) 우선 개념 설계의 필요성을 느낍니까? 에 답을 하셔야 합니다. 기존의 틀과 관념으로는 새로운 문제를 해결하거나 혁신을 이룰 수 없는 경우에 도달했습니까? 그렇다면, 빠르게 변화하는 시대에 맞춰 새로운 사고방식과 개념이 필요합니다. 현재의 문제점과 기존의 한계를 얼마나 인식합니까? 기존의 성공사례와 실패사례를 분석하여 어떤 점이 변해야 하는지 파악해야 합니다.

(문) *문제점은 여기저기에서 많이 보입니다. 문제의 원인도 많이 언급되어 있습니다. 그런데, 그 원인이 얽혀 있어 하나씩 풀기가 어렵습니다. 지금까지의 우리나라 성공 경험이 다른 무언가를 만들려 하는 데 걸림돌이 되었다는 생각입니다.*

(답) 지금까지의 개념은 새로운 혁신을 제한합니다. 개념은 시대의 흐름과 요구를 반영해야 합니다. 변화와 유연성에 의한 변화가 필요합니다. 새로운 아이디어와 개념을 자유롭게 제안하고 논의할 수 있어야 합니다. 다양한 시각과 의견을 수용해서 개념을 발전시킵니다. 즉, 기존의 관념에서 벗어나 새로운 가능성을 탐색하는 겁니다.

(문) *다양한 시각과 의견을 찾아보는 것이 중요하네요.*

(답) 지금의 시대성을 찾아보십시오. 유연성이 필요합니다. 현재의 트렌드와 미래의 가능성을 분석해야 합니다. 그래야 새로운 개념이 나옵니다. 시대의 요구를 어떻게 충족할 수 있는지 고민하고 사회적, 경제적, 기술적 변화를 고려하여 개념을 설계합니다. 단순한 모방은

한계가 있습니다. 우리는 독창적인 개념을 창안하면서 새로운 가치를 창출할 수 있습니다. 그 과정에 기존의 아이디어를 뛰어넘는 창의적인 생각이 납니다.

다양한 분야와의 융합을 통해 새로운 개념이 나오기도 합니다. 절대 한 술에 배부르지 않습니다. '아니면 어떡하지?'를 겁내지 말고 다양한 시도를 하십시오, 개념을 점진적으로 발전시키세요.

(문) *제 머릿속에 가설적 개념은 있는데, 이를 어떻게 실제화시킬 수 있을까요?*

(답) 이론만으로는 한계가 있습니다. 실제 적용과 테스트를 통해 개념의 실효성을 검증해야 합니다. 개념도 다른 비즈니스처럼 초기 프로토타입을 만들어 실제 환경에서 테스트해 보아야 합니다. 피드백을 받아 개선점을 반영하여 개념을 수정합니다. 지속해서 개념을 발전시켜 나갑니다.

제가 책(개념 설계의 시대)에서 강조하는 것은 닫힌 개념이 아닌 열린 개념을 만들고, 시대성과 유연성을 고려하여 독창적인 개념을 창안할 것을 강조합니다.

이를 통해 빠르게 변화하는 시대에 맞춰 새로운 가치를 창출하고, 지속적인 학습과 개선을 통해 개념을 발전시켜나 가는 것이 중요합니다. 시대는 끊임없이 변화합니다. 개념도 지속해서 발전해야 합니다. 새로운 정보를 끊임없이 습득하고 학습합시다. 변화를 두려워하지 않고 유연하게 대처합시다. 피드백을 반영하여 개념을 지속적으로 개선해봅시다.

(문) *AI의 발전으로 디지털 혁명이 다시 일어나고, 다른 기술들과의 결합이 가능해집니다. 물론 그 결합에서 상상하는 것은 새로운 가치제공이 가능해진다는 것이겠지요. 어떻게 생각하십니까?*

(답) 말씀하신 대로 디지털 트랜스포메이션(DX) 시대입니다. 디지털 기술이 사회 전반에 깊숙이 스며들어 기존의 산업 구조와 생활 방식을 혁신하고 있습니다. 이는 산업, 경제, 교육, 의료 등 다양한 분야에서 변화를 이끌고 있습니다. AI 기술의 발전으로 자동화가 급격히 진행되고 있습니다. 이는 일자리 구조와 생산성을 크게 변화시키고 있습니다.

(문) *작년 여름, 올해 여름을 보내면서 매년 더위가 기승을 부립니다. 자연재해가 더 많아지고, 농산물의 가격이 크게 오릅니다. 우리 개인들이 생물로서의 생명위기, 사회인으로서의 경제위기를 느낍니다. '우리가 너무 안이한 대응을 하고 있지 않나'라는 생각입니다.*

(답) 기후변화와 지속 가능성(Sustainability)이 크게 드러나지 않는 것이 아주 큰 문제입니다. 기후변화의 위협이 현실화하면서 지속가능한 발전과 환경 보호가 매우 중요한 이슈로 떠오르고 있습니다. 기업과 정부는 지속가능한 경영과 정책을 통해 환경 문제를 해결하려고 노력하고 있습니다만 부족합니다. 위기의식을 더 가져야 하는데, 큰 문제입니다. 탄소중립(Carbon Neutrality)을 위해서 탄소를 줄여야 하고, 그 과정에 에너지 생산과 소비 방식이 크게 바뀌어야 합니다.

(문) *최근에 우리나라 e-commerce 플랫폼 기업이 망가지면서 제4차산업혁명의 주요 비즈니스 생태계에도 영향을 미쳤으리라 봅니다. 경제 분야에서도 다양한 변화가 감지되는데, 이에 대해서도 한 말씀 부탁드립니*

다.

(답) 팬데믹 기간에 확인한 것은 일하는 방식에 대한 것입니다. 리모트 워크(Remote Work), 코로나19 팬데믹 기간에 원격 근무가 보편화되면서 업무처리 방식과 조직 운영 방식에 큰 변화를 가져왔습니다. 이는 계속 진행될 것입니다. 한편, 디지털 플랫폼을 기반으로 한 경제활동은 증가했습니다. 작은 기업들이 무언가를 만들고 이를 알리고 파는 전통적인 비즈니스 모델이 디지털 플랫폼에서 이루어지는 상황입니다. 기존 시장을 혁신하고 새로운 시장을 창출하고 있습니다. 디지털 화폐와 핀테크(FinTech)를 통한 비즈니스 모델이 새로 등장합니다. 암호화폐와 블록체인 기술을 포함한 금융 기술의 발전으로 금융 서비스의 접근성과 효율성은 더욱 향상될 것으로 봅니다.

또 하나 중요한 것은 개인화(Personalization)와 경험 경제(Experience Economy)입니다. 개인화는 빅데이터와 AI를 활용하여 개인의 취향과 필요에 맞춘 맞춤형 제품과 서비스가 새로이 만들어지고 있습니다. 또, 제품이나 서비스의 품질뿐만 아니라 소비자가 얻는 경험이 중요해지고 있습니다. 이는 소비자 중심의 맞춤형 서비스와 경험을 제공하는 비즈니스 모델을 강화하고 있습니다.

(문) *우리나라에서 필요한 인력을 동남아에 찾아가 교육시키고 이들을 국내로 유입시켜 우리나라에서 일자리와 매치시켜주는 프로그램이 있는데 매우 인기 있답니다. 동남아 국가에서 이런 프로그램을 확대해달라는 주문도 많다고 들었습니다. 인구문제는 환경변화에서 항상 거론되는 거 아닙니까?*

(답) 그렇습니다. 외국인 근로자를 우리 사회가 필요로 합니다. 이런 사회적 변화로 인해 우리는 다양성과 포용성(Diversity and Inclusion)을 생각해야 합니다. 인종, 성별, 성적 지향, 장애 등과 관계없이 모든 개인이 존중받고 포용 되는 사회를 지향하는 움직임이 강해지고 있습니다. 이는 조직 문화와 사회적 관행에 큰 영향을 미칠 것입니다. 이러한 변화를 반영하는 새로운 비즈니스 컨셉을 창출하는 것이 중요합니다. "개념 설계의 시대"에서는 이러한 시대적 특성을 이해하고, 이를

바탕으로 새로운 개념을 설계하자. 새로운 경쟁력을 확보하자는 것을 강조하고 있습니다.

'답' 구하러 나서야
'길'을 찾는다

전인수 이사장님과의 대화를 이렇게 요약해 보았다. 문제를 해결하려면 첫째, 다양한 경험을 모으기 위해 다른 사람을 만나라. 새로운 환경, 문화, 사람들과의 만남은 우리의 사고를 확장하고 새로운 아이디어를 불러일으킨다. 혼자서 많은 경험을 하기에는 시간이 많이 소요된다. 다양한 경험을 가진 사람들과 친하게 지내면서 공감 능력을 키우면서, 신뢰 관계를 맺어가면 다양한 경험을 효율적으로 축적하거나 활용할 수 있다. 그래서 강조하고 싶은 것은 첫째, '다른 사람을 만나라'다. MBTI에서 다른 유형을 만나야 하고 다양한 전문성을 가진 사람들과 협력하면 서로 다른 관점과 아이디어를 결합할 수 있다.

둘째는 관찰해라. 세상을 주의 깊게 관찰하면서 일상에서 발견되는 문제와 원인을 살펴야 한다. 여기에서 끝나지 않고 미래에 기회를 찾아보자. 지금의 상황을 '좋다', '나쁘다'로 평가하지 마라. 이는 자신의 기준을 마음에 가지고 이와 비교해서 이야기하는 것인데, 한번 정해진 기준이 영원하지 않고 영원할 필요도 없으니까 이 기준을 고집하지 말아야 한다. 다만 세상을 유지하는데 필요한 몇 가지 개념들, '자유'와 '정의' 등의 몇 가지만 제외하고 말이다.

셋째는 의심하면서 융합적 사고를 하자. 문제를 해결할 때 한 가지 방법에만 의존하지 않고, 여러 가지 방법을 동시에 고려해야 한다. 우리는 추격형(Fast Follower) 시대에서 앞선 어떤 주체에게 무언가를 배우는 처지에 있었다. 그래서 이거는 이렇게 해야 하고 저거는 저렇게 해야 한다 등으로 배워왔다. 이 교조(教條)적(절대 불변의 진리인 듯 믿고 따르는) 가르침을 벗어나야 한다. 이 가르침은 역사적 환경이나 구체적 현실과 관계없이 어떠한 상황에서도 절대로 변하지 않는 진리인 듯 믿고 따르는 가르침이었다.

기존의 것을 의심해라

창의적인 아이디어를 내기 위해서는 의심해야 한다. 의심을 통해 기존의 생각이나 가정을 다시 확인하고 새로운 관점을 찾아낼 수 있다. 의심은 창의적인 사고의 핵심 요소이며, 우리가 새로운 가능성을 발견하고, 문제를 해결하는 데 필수적인 과정이다. 의심하면 기존의 생각을 넘어서 새로운 아이디어를 찾아낼 수 있다.

기존의 가정에 도전해야 한다. 종종 특정한 상황이나 문제에 대해 이미 알고 있다고 생각하는데 이때 상황과 문제의 가정들을 의심해야 한다. 의심의 끝에서 각각의 의심을 융합해보는 생각이 필요하다. 이를 스스로 훈련해야 한다.

기존의 생각을 의심하고 새로운 방향으로 나아가 성공한 제품 개발의 사례는 많다. 애플의 아이폰이 대표적인 예이다. 당시 스마트폰 대부분은 물리적인 키보드를 가지고 있었지만, 애플은 이를 의심하고 터치스크린 인터페이스를 도입했다. 이에 따라 사용자에게 다른 경험을 제공했고, 사용자들은 크게 만족했다. 애플은 핸드폰의 물리적인 키보드에 대한 의심을 한 것이다.

테슬라는 내연기관 자동차 선호에 대한 의심으로 시작했다. 환경친화적인 차량에 대한 우리들의 수요가 증가하고 있는 시장 상황을 고려한 것이다. 테슬라의 전기 자동차는 고성능과 뛰어난 디자인 덕분에 큰 인기를 끌었고, 전기 자동차 시장의 선두 주자가 되었다.

필름 카메라가 대세였던 시절, 기존의 생각을 의심하고 디지털카메라를 개발한 회사들이 있다. 디지털카메라는 필름이 필요하지 않고, 사진을 즉시 확인하고 공유할 수 있다는 장점이 있다. 특히 핸드폰에 카메라 기술의 공급이 가능해지면서 디지털카메라는 필름 카메라를 완벽하게 대체하였다.

최근 화장실에 젖은 손을 바람으로 말리는 다이슨 제품을 자주 보는데, 기존에도 같은 기능의 제품이 있었지만, 젖은 손을 놓는 위치가 달라지면서 사용자의 편의를 높인 디자인 때문에 다이슨이 인기 상품이 되었다. 이미 있는 제품일지라도 "사용자가 편한가?"에 대한 의심을 해 보고 이를 디자인 변화로 이끈 창조적인 노력이 보인다. 이러한 사례들은 기존의 생각을 의심하고 새로운 방향으로 나아가는 것이 어떻게 혁신적인 제품을 만들어낼 수 있는지를 보여준다.

질문하고 실제 시도해라

넷째는 질문하기이다. 주어지는 상황과 문제에 대해 '왜?'를 질문하면 상황이나 문제의 원인을 깊이 있게 찾을 수 있다. 문제의 근본적인 원인을 찾아내는 데 큰 도움이 된다. 일본 토요타에서 사용한다는 '5 Whys'는 Taiichi Ohno가 체계적인 문제 해결을 위해 개발한 도구로, 문제에 대해 '왜'라고 질문을 하고, 그 질문에 대한 답에 다시 '왜'라고 질문을 하면서 이 과정을 다섯 번 반복하는 것이다. 아마 5번의 '왜'를 묻기 전에 문제의 근원을 찾게 된다. 개인의 습관 같은 사소한 문제부터 기업의 문화적인 문제나 기술적인 문제, 또는 사회적인 문제 같은 큰 문제들까지 빠르게 본질적인 원인에 관해서 탐색해 볼 수 있다. 간편한 도구이지만 '답'을 할 때가 더 중요하다. 사실을 기반으로 답을 하는 것이 중요하기 때문이다.

다섯째는 실험하기이다. 새로운 아이디어를 시도해보

고, 실패를 두려워하지 말자. 외우는 공부는 학(學)이고 실험해보면 습(習)이다. 그 결과가 비록 성공으로 이어지지 못하더라도 단순히 외우는 것보다 배우는 것이 많다. 아이디어나 가정을 직접 실험하고 테스트해 보면 아이디어의 타당성을 확인할 수 있다. 한편 이를 반복해야 한다. 어떤 문제를 해결하는 데 한 번에 성공하는 경우는 거의 없다. 몇 번의 실패가 있더라도 계속해서 새로운 방법을 시도하고 그 과정을 즐기고 버텨야 한다.

하나를 더 붙이고 싶은 것은 '먼저 나서야' 한다. 먼저 나서면 물론 힘이 든다. 지금은 1등만 살아남는 세상이다. 나중보다는 먼저 하는 것이 좋다. 세상을 바꿔보겠다는 사람들과 멀리 떨어진 채 바라만 보고 있으면 나중에 더 힘들어진다. 잘못하면 나락으로 떨어질 수 있다.

세상을 바꾸려는 이들은 앞서 나가면서 새로운 미래의 룰(rule)을 만든다. 이 과정에 참여하지 않으면 나중에 만들어진 룰(rule)에 적응을 해야 한다. 정해진 룰에 익숙해지면서 이 룰을 잘 지키는 방향으로 노력해야 한다. 룰을 잘 활용해서 성과를 도출하면 그나마 다행이지만, 그렇지 못하면 재앙이다. 원래 룰 만드는 사람들이 이미 자신들에게 유리하게 룰을 만들어 놓는다. 룰을 만드는 과정에 참여하지 않은 주체가 만들어진 틀에서 성과를 내는 것은 쉽지 않다. 미래를 끌어들여서 룰을 만들어 보자. 이것이 미래 담론의 방법론이다.

지금 4차산업혁명이 한창이지만 지구 곳곳에서 5차산업혁명의 물결이 시작되었다. 이 새로운 산업혁명은 기후재앙을 극복하기 위한 혁신적인 비즈니스를 중심으로 전개될 것이다. 재생에너지의 발전, 탄소배출 감축 기술, 지속가능한 농업 및 순환경제 등등 사례도 다양하다.

이 5차산업혁명에는 개인과 스타트업의 역할이 제일 중요하다. 혁신적인 기술에 도전하는 이들이 빠르게 변하는 시장과 환경 문제에 대응하는 유연성을 가지고 있다. 기존 기업들과 정부는 이들에게 길을 만들어줘야 한다. 자원효율화, 에너지전환, 탄소중립에 기여하는 혁신적인 아이디어와 기술을 내세우는 개인과 스타트업을 5차산업혁명의 선두에 서게 하자. 이들을 지원하는 환경을 구축하자.

개인들이 '성공사다리'로 국가자격시험에만 매달리게 해서는 안 된다. 오히려 창업이 '성공사다리'가 되도록 만들어야 한다. 우리나라의 미래는 개인과 스타트업 손에 달려 있다. 엔비디아도 삼성과 현대도 개인과 스타트업이었다.

3장

이제 5차산업혁명을 꿈꾼다

핸드폰 팡팡 터지고, 반도체를 생산하는 디지털 강국

우리나라는 디지털 환경 자원 측면에서 세계적으로 우수한 국가 중 하나로 손꼽힌다. 특히 인터넷 인프라, 네트워크 속도, 디지털 경제 경쟁력 등 다양한 측면에서 다른 나라와 비교했을 때 뛰어난 성과를 보여주고 있다. 이러한 우수성은 각종 국제적인 랭킹과 데이터에서도 확인할 수 있다.

글로벌 인터넷 속도 측정 사이트인 Ookla의

Speedtest Global Index에 따르면, 2023년 기준으로 우리나라는 평균 다운로드 속도에서 전 세계 2위를 기록했다. 특히, 5G 네트워크 구축 속도와 적용 범위에서 우리나라는 선두를 달리고 있다. 이는 디지털 환경의 핵심 인프라로서 매우 중요한 대목이다. 우리 5G 네트워크는 2019년 세계 최초로 상용화되었으며, 현재까지도 5G 커버리지와 속도 면에서 세계적인 리더로 자리매김하고 있다.

디지털 경제 경쟁력도 매우 우수하다. 세계 경제 포럼(WEF)이 발표한 2022년 네트워크 준비 지수(Networked Readiness Index)에서 우리나라는 10위권 내에 자리매김하였다. 이 지수는 정보통신기술(ICT)의 발전 수준과 디지털 경제의 성과를 종합적으로 평가하는 지표로, 우리나라는 특히 ICT 사용과 기술 채택 측면에서 높은 점수를 받았다. 이는 우리가 디지털 기술을 사회 전반에 걸쳐 폭넓게 활용하고 있음을 보여준다.

2023년에 디지털 경쟁력 국가 순위를 64개국을 대상으로 매겼는데, 우리나라는 미국, 네덜란드, 싱가포르, 덴마크, 스위스에 이어 6위를 기록했다. 국가의 규모를 따지면 우리나라는 미국 다음으로 2위인 셈이다.

디지털 경제환경을 장점으로 활용하자

우리나라의 전자정부 수준은 세계적으로도 인정받고 있다. 유엔이 발표하는 전자정부 발전 지수(E-Government Development Index, EGDI)에서 우리는 2022년 기준 세계 3위를 차지했다. 이 지수는 전자정부 서비스의 범위와 품질, 인프라, 국민의 디지털 활용도를 평가하는데, 우리는 전자정부 서비스의 접근성과 효율성에서 높은 평가를 받았다. 특히, 디지털 행정 서비스는 공공 부문에서의 디지털 혁신을 선도하며, 전 국민이 정부 서비스를 편리하게 이용할 수 있도록 지원하고 있다.

또 우리는 전 세계적으로 강력한 사이버 보안 체계를 갖추고 있다. 국제전략연구소(IISS)가 발표한 사이버 전력 지수(Cyber Power Index)에서 우리나라는 주요 국가 중 상위권에 있다. 이는 우리가 사이버 위협에 대응하기 위한 체계적인 전략을 구축하고 있으며, 국가와 기업, 개인을 보호하기 위한 강력한 보안 정책을 시행하고 있음을 보여준다.

이와 같은 성과들은 우리나라가 디지털 환경 자원 측

면에서 세계적인 선두 주자임을 보여주고 다른 주요 국가들과 비교했을 때, 디지털 인프라와 경제 경쟁력, 전자정부 서비스, 사이버 보안 등의 분야에서의 우수성을 잘 나타낸다.

디지털 강국의 환경요소를 기회로 잘 활용하는 사례가 많다. ㈜시옷(대표:박현주)이라는 회사는 우리나라 디지털 시큐리티 분야에서 최고 스타트업인데, 최근 이스라엘 스타트업으로부터 공동연구를 제안받아 이를 수행하고 있다. 이 회사는 운송기구(자동차, 트럭, 오토바이 등)의 안전 분야에서 데이터를 많이 축적할 수 있는 독창적인 디바이스는 물론 자체적인 디지털 시큐리티 플랫폼을 운영하는 과정에서 국제 공동 연구개발을 제안받았다고 한다. 많은 기업이 해외의 기업과 대학으로 국제 공동연구를 하고자 문을 두드리는 상황에서 ㈜시옷은 오히려 이스라엘에서 제안받았다. ㈜시옷의 스타트업 경쟁력도 대단하지만, 우리가 디지털 강국으로서 좋은 인프라를 보유하고 있어서 가능한 일일 것이다. 우리의 강점을 살리는 비즈니스는 무궁무진하다. 빨리 개발을 서두르자.

세계와 함께 숨쉬는 우리 젊은이들

BTS의 "Love Yourself" 시리즈는 '자기 사랑'과 '자아 발견'을 중심 주제로 하는 앨범들이다. 특히 The Truth Untold, "Fake Love," "Epiphany," "Answer: Love Myself" 같은 곡들이 세계인들에게 깊은 인상을 남겼다.

"에피파니(Epiphany)"는 자신을 사랑하는 것이 가장 중요하다는 것을 이야기한다. 타인을 위해 자신을 희생하거나, 사회의 기대에 맞추려고 노력하는 과정에서 자신의 진정한 가치를 잊는 경우가 많다. 그러나 이 과정에서 자신을 잃지 않고, 오히려 자신을 사랑하고 존중하는 것이 중요하다는 메시지를 전한다. 큰 위로와 공감을 받는다. 젊은이들에게 자기 자신을 사랑하고 받아들이는 것이 건강한 관계를 유지하는 데 필수적이라는 메시지를 전달한다. 이러한 메시지는 문화와 국적을 초월한다. 우리 젊은 아티스트들이 세상과 함께 호흡하고 있다. 참 대단하다.

한류(Hallyu) 또는 "Korean Wave"는 우리의 대중문화이지만 이제는 세계 속에서 하나의 문화 장르로 자리매김하고 있다. 한류에 대한 외국의 시선은 매우 긍정적이며, 우리의 문화적 영향력이 글로벌 수준으로 확산하고 있다는 평가를 받고 있다. 한류를 통해 우리나라를 접한 외국인들은 한국에 대한 호감이 높아지고 있으며, 이는 관광, 유학, 비즈니스 등 다양한 분야에서 긍정적인 영향을 미치고 있다. 유럽, 미국, 동남아시아 등지에서는 한류 팬클럽이 형성되기도 하며, 한국어를 배우는 사람도 증가하고 있다.

빨간 머리, 푸른 눈의 한류도 온다. 최근에는 외국인들만으로 구성된 K-팝 아이돌 그룹이 등장하기도 했다. 이는 한류의 세계화와 관련이 깊은데, K-팝의 인기가 전 세계로 확산하면서, 각국의 젊은이들이 다양한 국적을 가진 아이돌 그룹 탄생으로 이어졌다. EXP Edition, 이 그룹은 미국 뉴욕에서 결성된 K-pop 그룹으로, 모든 멤버가 외국인이다. 이들은 한국어로 노래를 부르고 K-pop의 전형적인 스타일을 따르며 활동하고 있다. 또, Z-Boys & Z-Girls, 이 그룹들은 각각 남자와 여자 그룹으로 나뉘어 있다. 이들은 여러 아시아 국가의 멤버들로 구성되어 있다. 다양한 언어와 문화를 반영함으로써 더 넓은 시장에 어필하고 있다. 이러한 그룹들의 활동은 K-팝이 단순한 한국 문화를 넘어, 전 세계가 함께 즐길 수 있는 글로벌 문화로 자리 잡고 있음을 보여준다.

한편, 한국 드라마와 영화는 어떤가? 우리나라 드라마는 특히 아시아와 중동, 남미 등에서 큰 인기를 끌고 있다. '오징어 게임', '킹덤', '사랑의 불시착' 등은 글로벌 스트리밍 플랫폼을 통해 전 세계적으로 시청되며, 한국 콘텐츠의 독창성, 스토리텔링, 배우들의 연기력이 호평받고 있다. '기생충'과 같은 작품이 국제 영화제에서 수상하며 우리 영화의 위상을 크게 높였다.

세계가 우리 스토리를 공감한다

우리의 뷰티산업과 패션 산업, 푸드 사업 역시 큰 주목을 받는다. 화장품은 혁신적인 제품과 트렌디한 디자인으로 인기를 끌고 있으며, 패션은 독창성과 현대적인 감각으로 평가받고 있다. 한식도 한류의 일환으로 인기를 끌고 있는데 비빔밥, 김치, 불고기 등의 우리 음식은 건강하고 맛있다는 평가를 받으며, 다양한 나라에서 우리나라 음식점이 늘어나고 있다.

한류는 문화적 다양성과 독창성에서 인정받는다. 한류의 인기는 우리나라 국가 이미지에도 긍정적인 영향을 미쳤다. The New York Times와 BBC 등의 외국 언론에서도 한류와 K-pop의 세계화를 다룬 기사가 많다. 이 기사들은 한류가 이제는 국경을 넘어 전 세계인들이 함께 만드는 문화로 진화하고 있음을 보여준다.

한류에 편승하는 비즈니스를 생각해야 한다. 경복궁에서 구찌 같은 세계적 브랜드가 패션쇼를 한다는 것 자체가 과거와 다른 세상이 되었다. 경상북도 구미에 소재하는 ㈜올곧은 설립한 지 3년 된 신생 업체로 2022년 3월 냉동 김밥을 출시한 후 1년여만에 미국에서 대박을 냈다. 올

곧(Olgood)은 트레이더 조(Trader Joe's)와 같은 대형 소매업체를 통해 건강식으로 진출하면서 2024년 상반기에는 미국 코스트코(Costco) 매장에 진출하였다. 코스트코는 대형 유통망으로, 대량 구매와 합리적인 가격, 그리고 고품질의 대명사인데 ㈜올곧의 냉동 김밥은 이러한 코스트코의 전략과 잘 맞아떨어졌다. 한류에 올라탄 사례는 더 늘어날 것이다. 젊은이들이 음악으로 세계인들과 호흡하더니 이제는 김밥이 전 세계로 수출된다. 음악과 김밥이 원래 관계가 있었나? 한류와 연결하자. 흐름을 찾아라. 개인과 스타트업들이 생뚱맞은 비즈니스 아이디어로 가설을 만들고 그 가설을 테스트해보는 과정을 계속 하도록 지원해야 한다.

김예지와 일론 머스크는
원래 아는 사이

    우리는 초연결사회(Hyper-connected Society)에 살고 있다. 최근에 일어난 김예지와 일론 머스크의 연결은 초연결사회의 한 단면을 잘 보여준다. 김예지는 2024 파리 올림픽에서 10미터 공기권총 은메달을 따며 주목받았다. 그녀의 멋진 경기 모습이 소셜 미디어에서 화제가 되었다. 일론 머스크는 이를 칭찬하며 트윗을 올렸고, 이는 김예지를 더욱 유명하게 만들었다. 특히 NBC와 같은 미국 주요 매체에서 김예지의 독특한 매력과 일론 머스크와의 연결을 강조하기도 했다.

이후 김예지는 명품 브랜드 루이뷔통의 모델로 발탁되었다. 패션 잡지 더블유 코리아는 그녀의 첫 화보를 공개하며, 김예지가 루이뷔통 의상을 완벽하게 소화하는 모습을 보여주었다. 하루아침에 사격선수가 유명 의상 모델이 되는 세상이다. 이런 사례를 보면 단순한 스포츠 스타를 넘어, 패션과 엔터테인먼트 분야에서도 새로운 길이 만들어지고 있다. 과거의 틀로서는 설명이 안 된다.

초연결사회, 하이퍼-커넥티비티 시대이다. BTS와 그들의 팬덤인 아미(ARMY)는 현대 사회의 초연결성을 극명하게 보여주는 또 다른 대표적인 사례이다. 아미들은 단순한 팬 활동을 넘어, 전 세계적인 사회적 운동과 연대를 끌어내며 놀라운 결과를 만들어내고 있다. 이러한 현상은 오늘날 우리가 살아가는 초연결사회의 특성을 잘 드러낸다. 2020년 6월, BTS는 미국에서 발생한 조지 플로이드 사망 사건에 대응하여 Black Lives Matter(흑인의 생명도 소중하다) 운동을 지지하기 위해 100만 달러를 기부했다. 이에 감동한 아미들은 자신들의 트위터에 #MatchAMillion 해시태그 캠페인을 조직하여 BTS의 기부액과 같은 100만 달러 모금을 시작했는데 이 목표는 단 하루 만에 달성되었다. BTS와 아미는 초연결사회의 특징을 극대화하며 어떻게 전 세계적인 영향력을 발휘할 수 있는지를 잘 보여준다.

초연결사회는 양날의 칼이다

초연결사회는 모든 사람, 사물, 데이터가 네트워크로 연결되어 실시간으로 상호작용하는 사회를 의미한다. 이 개념은 특히 사물인터넷(IoT), 5G 및 그 이상, 인공지능(AI), 클라우드 컴퓨팅, 빅데이터 분석 등의 기술 발전 때문에 가능해졌다. 초연결사회에서는 모든 것이 연결되어 정보의 흐름과 통신이 끊임없이 이루어지기 때문에 사회적, 경제적, 문화적 변화가 다양하게 만들어진다.

사람과 사물이 연결된다. 초연결사회에서는 사람뿐만 아니라 다양한 기기와 사물이 인터넷에 연결된다. 스마트폰, 스마트 가전제품, 웨어러블 기기, 자율주행차 등이 실시간으로 데이터를 주고받으며 상호작용을 한다. 내가 생각하는 저녁 식사를 집에서 만들려고 메뉴를 요리 앱에 입력하면 그 메뉴를 요리하는 데 필요한 음식 재료가 올라오고 집 냉장고에 들어 있는 재료와 퇴근하면서 사서 들어가야 하는 음식 재료 리스트가 앱에 올라온다.

정보는 매우 빠르게 확산된다. 네트워크에 더 많은 사

람이 연결될수록 정보가 퍼져나가는 속도와 범위가 기하급수적으로 증가한다. 소셜 미디어에서 확인되는 현상으로, 특정 사건이나 트렌드가 순식간에 전 세계적으로 퍼지는 것은 이 네트워크 효과 때문이다. 초연결사회에서 네트워크에 참여하는 사람이나 기기의 수가 많아질수록 그 네트워크의 경제적 가치가 커진다. 많은 사람이 사용할수록 플랫폼(예: 페이스북, 인스타그램, 아마존 등)의 가치와 영향력은 증대된다.

네트워크 효과는 사회적 영향력에도 중요한 역할을 한다. 초연결사회에서 소수의 영향력 있는 개인이나 그룹은 특정 메시지를 전파하거나 사회적 변화의 촉매제가 될 수 있다. 이들은 네트워크의 중심에서 다른 사람들에게 강력한 영향을 미치며, 이는 정치, 문화, 소비 행동 등 다양한 영역에서 나타난다.

인터넷 바다에 컨텐츠를 올리자

초연결사회는 아직 초기 단계에 있고 기술의 발전과 함께 지속해서 진화할 것이다. 이 사회가 어떻게 발전하고, 우리가 그 안에서 어떻게 적응할 것인지에 대한 논의는 앞으로도 중요한 주제가 될 것이다. Mark Buchanan은 사회물리학을 전공했다. 그는 책에서 네트워크 효과(Network Effect)를 제시한다. 네트워크 효과를 단순히 기술적 연결이 아닌, 연결망 내에서의 상호작용이 전체 시스템에 미치는 영향으로 설명한다. 네트워크가 가지는 고유의 구조적 특성들이 어떻게 시스템의 성능과 안정성에 이바지하는지, 그리고 네트워크 내의 개별 노드(노드란 네트워크에서의 개체, 예를 들어 개인, 기업, 컴퓨터 등을 의미함)들이 어떻게 상호작용하면서 네트워크 전체의 가치를 증대시키는지를 제시하였다.

또, 네트워크에는 "6단계의 연결(Six Degrees of Separation)"이라는 개념이 있다. 이는 전 세계의 모든 사람이 최대 6단계의 인간관계로 서로 연결될 수 있다는 내용이다. 이 개념은 세상에 있는 모든 사람은 최대 여섯 단계의 연결(즉, 다섯 명의 중간 사람)을 통해 서로 연결될 수 있다는 내용이다. 6단계만 거치면 독자 여러분이 카멀라 해리스와 도널드 트럼프와 연결된다는 이야기이다.

Mark Buchanan의 네트워크 효과와 6단계 연결개념은 현대의 초연결사회에서 비즈니스 전략을 세우는 데 중요한 통찰을 제공한다. 6단계 연결개념은 비즈니스에도 중요한 시사점을 제공한다. 네트워크가 잘 형성된 사회에서는 새로운 아이디어나 제품이 빠르게 확산할 수 있으며, 특정한 사람이나 시장에 접근하는 것이 상대적으로 쉬워진다. 인플루언서를 중심으로 새로운 BM이 등장하고 있다. 기업은 자사 제품이나 서비스를 더 많은 사람에게 연결하기 위해 네트워크를 적극적으로 확장하는 전략으로 파트너십, 제휴, 커뮤니티 구축 등이 유효하다. 새로운 비즈니스를 너무 어렵게만 생각하지 말아야 한다. 일단 해보자.

스마트큐빅이라는 회사가 있다. 제3세대 인터넷이라고 일컫는 web 3.0을 구현하고 뉴질랜드, 미국, 우리나라에서 영업하고 있다. 빅테크 기업들에 의해 중앙화된 인터넷을 탈 중앙화시킨 스타트업이다. 이 회사가 만들어 놓은 스마트큐빅을 이용하면 인터넷 이용자가 생산하는 콘텐츠에서 나오는 이익을 손쉽게 나누어 갖도록 만들어 놓았다. 블록체인으로 연결이 되어서 이 플랫폼에서는 딥페이크가 불가능하다. 이용자가 실명으로 올린 모든 내용은 출처가 확인되니까 안심하고 플랫폼의 정보를 활용할 수 있다. 5차산업혁명에서는 이런 기업들의 약진이 기대된다.

무언가를 시작해야 하는 거 아닌가

우리는 100년 전, 200년 전과는 비교할 수 없을 정도로 편한 세상에 산다. 네 번의 산업혁명에 이르기까지 무수히 많은 기업이 제품을 만들고 서비스를 개발했기 때문이다. 빛이 있으면 그림자가 있듯이 혜택은 마음껏 누리지만 우리는 최근에 기후 위기, 기후재앙을 맞았다. 기업들이 비즈니스를 하면서 아무 생각 없이 이산화탄소(CO_2)를 대량으로 만들어내는 바람에 지구의 온도가 올라갔다. 작년에 벌어진 기후변화의 전주곡들과 올해의 재앙적 위협을 보면서 우리는 내년이 더 불안하다. 심각한 자연재해는 비나 산사태로만 제한되지 않는다. 각종 매개물에 의한 질병 확산, 나아가 자연발화에 의해 산림황폐화, 아주 심각한 위기이다.

전 지구적인 이 위협에 적극적으로 대응해야겠다.

혁신은 천 개의 가닥으로 이어져 있다고 한다. 론 애드너의 책 제목이다(2012년 출판). 어떤 혁신은 시장에서 성공하고 어떤 혁신은 시장에서 실패하게 되는데, 그 이유는 무엇일까를 분석한 책이다. 결론은 유능한 기업과 경영자가 기술개발까지는 훌륭하게 이루어내지만, 시장에서의 성공을 만들기 위해 소비자 니즈를 충족시키고, 경쟁자를 따돌리는 일을 해야 한다. 그런데 이런 일은 본인이 모두 할 수는 없고, 하려면 이를 함께 만들어내는 파트너들이 있어야 하는데, 이 파트너들이 필요한 시점에 필요한 역할을 하지 못하면 혁신은 실패한다는 이야기이다. 즉, 목표까지 가는데 필요한 혁신과정에서 자신의 혁신 이외에 또 다른 혁신이 함께 때를 맞춰서 이루어지지 못하는 바람에 실패가 많아진다는 것이다. 소위 혁신을 시장에서 성공시키기 위해서는 필요한 조건을 넓게 찾아서 이를 확인했어야 한다는 이야기이다. 다시 말해 『때』를 볼 줄 알아야 한다. 내 시계만 보지 말고 주변의 다른 사람들 시계도 보아야 하고 다른 이들이 왜 일하는지에 대한 동기도 살펴야 한다.

옆 사람이 원하는 가치는 무엇인가

그럼, 다가오는 5차산업혁명에서의 제품과 서비스는 무엇일까? 지금 우리는 어떤 제품과 서비스를 원하는가? 어떤 가치를 만들어내야 하나? 지금 우리가 원하는 가치를 만들어 내어줄 제품과 서비스로 지금 우리 눈에 보이지는 않지만, 무엇이 준비되고 있을까? 궁금하다. 지금 준비되는 1,000개의 혁신 가닥이 어떤 제품과 서비스로 모여질까?

그런데, 이는 너무 수동적이지 않은가. 우리 개인의 측면에서 보면, 기업들이 만들어주는 무엇인가를 소비할 준비를 하는 것처럼 보인다. 다르게 생각해 볼 수 있지 않을까. 거꾸로 생각해보았다. 산업혁명의 주체는 항상 기업이 돼야 할까, 다른 이들이 만들어주는 산업혁명을 궁금해할 것이 아니라 다음의 산업혁명을 우리가 만들면 안 될까, 어떻게 하면 이것이 가능하지, 시작부터 눈에 띄는 '위대한 혁신'은 없다. 우리가 방향을 잘 정하고 움직이기 시작해보자. 무언가를 먼저 시작해보자.

현재, 우리 사회, 우리 경제에는 풀기 어려운 과제가 여럿이다. 모두 나열하기도 숨이 차다. 더욱이 하나하나의 숙제를 개별적으로 해결하겠다고 달려들면 갑갑해진다. 각 과제의 원인을 따지다 보면 다른 과제의 결과와 연결되어서 마치 풍선의 한쪽을 누르면 풍선의 다른 쪽으로 공기가 옮겨가는 현상이 발생하는 경우가 많다. 여러 숙제와 여러 해결방안 사이의 관계성이 복잡하게 얽혀있어서 구조적인 문제로 고착되었다. 참 풀기 어려워졌다.

이럴 때는 여러 가지 숙제를 각각 풀기보다 이 문제들의 근원 점을 파악하고 근원적으로 손을 대보면 좋겠다는 생각이다. 메타 원인(원인의 원인)을 찾아서 이 메타 원인만 집중적으로 해결해가면 상위에 연결된 문제점들이 어느 정도 해결될 것 같다. 필자의 관점에서 좀 더 단순하게 메타 원인(근원점)이라고 주장하고 싶은 것은 두 가지다. 사회적으로는 양극화의 문제를 풀어야 하고, 경제적으로는 이산화탄소배출을 중립화시켜야 한다. 이 두 가지 문제에 우선 도전하자. 이 두 가지 문제를 제5차산업의 비즈니스를 하면서 풀어나간다면 최근의 저출산 문제도 어느 정도 해결할 수 있을 것이라 믿는다. 그렇다면 과연 어떻게 시작하지, 무엇부터 하지?

5차산업혁명의 씨앗은 뿌려졌다

미래학자인 캐서린 볼(Catherine Ball)은 그의 책에서 5차산업혁명을 언급했다. 또, 유럽 연합도 Industry 5.0에 대한 새로운 관점을 제시하고 있다. 지속가능하고 인간 중심적이며 회복력이 있는 산업 등을 강조하였다. 이 이외도 다른 이들이 지속가능성, 인간 중심성, 그리고 환경에 초점을 맞춘 5차 산업혁명의 주제에 관한 대화를 이제 막 시작한 듯하다.

정리해보면 이들은 인간중심(Human-Centric)을 강조한다. Industry 5.0은 인간의 재능, 다양성, 그리고 권한 강화 중요성을 강조한다. 이는 산업변혁의 중심에 사람을 두고자 하는 것으로 이해된다. 자동화 및 기계 효율성을 중시했던 Industry 4.0과 달리, Industry 5.0은 인간을 우선시한다. 사람들의 기술개발 능력과 창의력 강화를 목표로 한다.

또, 지속 가능성(Sustainable)을 강조한다. 그동안의 기업들이 환경을 마구잡이식으로 개발했다면, Industry 5.0은 환경친화적인 것을 더 강조하고, 지금까지의 여러 비즈니스가 환경을 등한시했던 것들을 바로 잡으려 한다. 지구를 지속가능하도록, 인간의 생활을 지속할 수 있도록 하는 방향으로 간다. 순환경제에 크게 기여할 것으로 예상된다. 고도의 자동화와 AI를 통해 공장에서의 에너지 사용을 최적화하여 각 제조공정의 탄소를 줄일 수 있다.

탄력성(Resilient)을 강조한다. Industry 5.0은 외부 충격에 회복력이 있는, 탄력성을 가지는 비즈니스 생태계를 만드는 것을 목표로 한다. 그래서 이에 도움이 되는 유연하고 적응력을 높여주는 기술 확보를 우선시한다. 인공지능, 사물인터넷(IoT), 블록체인, 빅데이터 분석, 3D프린팅, 양자 컴퓨팅과 같은 첨단 기술이 더 많이 동원될 것이다.

공생(Co-existence)도 강조한다. 인간에게 도움이 되는 기계의 외형적인 수준에서 바이오닉 증강은 물론, 우리 몸 안에 기계를 집어넣는 수준의 로봇공학과 몸과 몸의 통신을 가능하게 만들어주는 '인체 인터넷' 수준도 기대한다. 협업 로봇(Cobot)이 더 개발되어 Industry 5.0에서는 AI가 탑재된 로봇이 인간과 함께 작업하면서 인간의 능력 지원, 증강을 가능하게 할 것이다. 복잡하고 맞춤화된 생산 과정, 대량 맞춤화와 제품의 개인화를 지원할 것이다.

사회적 가치와 인간의 복지를 추구한다. 이전까지의

산업혁명에서 기업이 경제적 가치생산에 주로 초점이 맞추어졌지만, 5차산업혁명에서는 사회적 가치와 복지에 더 많은 가치를 두고 지구의 보전과 인간의 안전, 자아실현에 가치를 두는 비즈니스가 만들어진다.

여러 가지 기술들이 통합된다. 5차산업혁명은 물리적, 디지털, 그리고 생물학적 영역 사이의 경계가 흐릿해지는 것을 특징으로 한다. 이러한 통합은 다양한 기술 간의 원활한 통합과 상호작용을 가능하게 하여 전례 없는 가능성을 제공하게 될 것이다.

이런 움직임이 지구촌 여기저기에서 시작되었다. 우리나라는 홍익인간을 건국이념으로 삼은 고조선의 정신을 계승하여 어느 나라보다도 5차산업혁명에 적합할 것이라는 생각을 해본다. 이제 무언가 시작해보자

기후재앙으로 멸망하는 호모사피엔스를 막아야

이산화탄소배출은 주로 화석연료(석탄, 석유, 천연가스)의 연소로 인해 발생하고 이산화탄소가 대기 중에 축적되어 지구의 온실 효과를 강화하였다. 온실 효과는 지구의 대기가 태양으로부터 오는 열을 가두어 지구의 온도를 상승시키는 현상으로, 이에 따라 지구의 평균 기온이 상승하고, 이는 기후변화의 주요 원인 중 하나로 작용한다. 이산화탄소 외에도 메탄, 아산화질소 등 다른 온실가스들도 기후변화에 일조하지만, 양적으로는 이산화탄소가 가장 큰 비중을 차지한다.

기업들이 CO_2를 줄여나가기 위해서 여러 전략을 실행하겠지만 이를 지원할 제품이나 서비스가 앞으로 비즈니스 생태계에 더 많아질 것이다. 기업들은 스스로 지금 자신들의 회사가 얼마만 한 CO_2를 배출하는지를 측정하고 배출량을 줄일 수 있는 우선적인 영역을 식별해야 한다. 식별되면 기업들은 순배출 제로 약속을 내세우고 마일스톤 베이스의 중간목표를 설정하게 된다.

이때, 측정을 위한 디지털 솔루션을 공급받아야 한다. 측정되면 기업들은 효율성과 순환성에 초점을 맞추면서 자원 사용을 최적화하고 재활용과 재사용을 촉진하는 계획을 체계적으로 수립한다. 회사들은 CO_2 배출량을 줄이기 위해 전력과 연료의 탈탄소화에 초점을 맞추기도 하고, 직접 전기화와 재생 열을 사용하는 방법으로 탄소 배출량을 줄이는 데 관심을 가질 것이다. 이러한 비즈니스 행태는 결국, 사람들과 지구의 이익을 우선시하는 방향의 노력으로 5차 산업혁명이 추구하는 바에 부합한다.

이산화탄소를 줄이는 비즈니스를 찾아라

이제는 이산화탄소 배출

량을 줄이는 기술 근간의 비즈니스 모델이 성공할 것이 분명하다. 미래에 필요한 제품과 서비스를 기획할 때, 반드시 생각해야 할 사안이다. CO_2를 줄여서 지구를 살리는 비즈니스 생태계를 중요한 산업으로 만들어가는 혁명을 꿈꾼다. IPCC(기후변화에 관한 정부 간 협의체)는 여러 과학적 사실을 들어 공식적으로 지구 온난화는 사실이며 이 온난화의 가장 큰 원인은 인간의 산업 활동이다 라고 보고한 바 있다. 이에 앞으로 전개할 수 있는 비즈니스는 지구 온난화를 막을 수 있는 비즈니스가 유망해진다.

이산화탄소를 줄이자는 순환 경제 이상이 되어야 한다. 국가 인프라 차원에서 이산화탄소를 줄이는 비즈니스는 물론, 개인들의 생활 속에서도 이산화탄소를 줄여주는 비즈니스를 모두 포함해 생각하고자 한다. 하드웨어는 물론 소프트웨어 각각의 접근과 함께 두 가지의 융합으로 가능성이 더 커졌다.

하버드 의과대학의 의사이자 기후변화 전문가인 Dr. Paul R. Epstein과 과학 저널리스트 Dan Ferber가 공동 집필한 '기후가 사람을 공격한다(2012년)' 책은 과학적 연구와 실제 사례를 결합하여 기후변화와 건강 문제의 연결고리를 설명한다. 저자들은 기후변화가 심각한 공중 보건 위기를 초래할 수 있음을 강조한다. 기후변화는 모기, 진드기, 벼룩과 같은 질병 매개체의 서식지를 변화시키며, 이에 따라 말라리아, 뎅기열, 라임병 등 벡터 매개 질병의 확산이 증가한다. 이러한 질병의 지리적 확산과 재발 사례를 통해 기후변화와 벡터 매개 질병 간의 관계를 설명한다. 특히 저소득층과 개발도상국에 미치는 영향을 설명한다. 약자들의 이주 문제는 사회적 불안을 초래하게 된다.

또, 기후변화는 강수 패턴과 온도에 변화를 가져와 수자원과 농업에 큰 영향을 미친다. 이러한 변화로 작물 수확량은 영향을 받는다. 물 부족이 어떻게 인구 이동과 사회적 불안을 초래하는지도 보여준다. 또, 대기질을 악화시키며, 이는 천식, 알레르기, 기타 호흡기 질환의 발병률을 증가시킨다.

기후변화, 기후적 재앙을 극복하려는 여러 측면의 기술혁신이 필요하고 이를 사업화하려는 노력이 전개될 것이 분명해 보인다. 이런 비즈니스를 만들어가는 개인들, 스타트업의 노력으로 일정 생태계가 만들어져야 하며, 이를 생태계가 국제적인 경쟁력을 가질 때, 차상위 비즈니스 파트너 들과의 협업이 강조된다. 기후재앙에 대응하는 여러 다양한 아이디어를 만들어서 개인과 스타트업들이 비즈니스를 할 수 있도록 길을 만들어 주어야 한다.

5차산업혁명을
대한민국에서 시작하자

　우리는 모두 미래를 궁금해 한다. 20대에는 누구랑 결혼하고 어떻게 가정을 만들지에 관한 생각, 직장 생활을 어디서 할지에 관한 생각. 30대에는 직장 생활을 어떻게 할 것인지에 관한 생각, 아이들을 어떻게 키울지에 관한 생각. 40대와 50대에는 인생의 전반부를 보냈으니까 후반부 미래에 대해 생각한다. 60대에의 미래는 또 다르다. 이렇게 연령대별로 알고 싶은 내용이 달라진다. 인간의 삶에 있어서 미래는 나이대별로 항상 다르게 존재한다.

　나이도 변수이지만 본인이 처한 환경에 따라 미래는

또 달라진다. 소상공업을 하던, 기업을 하던 창업자들이 궁금해하는 미래가 다르고, 직장에서 일하면서 월급받는 이들이 궁금해 하는 미래가 또 따로 있다. 결국, 미래를 뭉뚱그려 이야기하기는 쉽지 않다. 하지만 분명한 것은 사람이니까, 생각하는 동물이니까 미래는 항상 있었고, 미래가 있어서 살고 있기도 하다.

미래에 관한 관심의 공통점은 앞으로 나의 미래를 어떻게 만들어갈지 구상하기 위해서이다. 특히 '뭐 먹고살지?'를 찾아가는 과정에서 누구에게나 미래가 궁금하다. 펼쳐질 미래를 알아야 내 미래를 어떻게 만들지를 설계할 수 있을 테니까.

필자도 똑같이 미래가 궁금해서, 이렇게 저렇게 알아보려고 애썼다. 미래가 궁금해서 읽은 책도 여러 권이다. 지금까지 내린 결론은 '정확한 미래를 확인하는 방법은 없고, 미래는 만들어가는 거구나'로 결론지었다. 앞서 살았던 많은 사람도 이미 이런 결론을 내렸었다. 많은 인생 선배들의 결론에 동의한다.

미래는
상상하는 사람의 것

그래서 "미래는 상상하는 사람의 것이다"라고 했다. 새로운 비즈니스를 꿈꾸고 내가 왜 그 비즈니스를 하는지에 대한 이유가 분명하고 용기가 있으면 비즈니스는 이루어진다. '상상'하고 '이유'가 분명하고 '용기'가 있으면 새로운 비즈니스를 할 수 있다. 이 '상상'과 '이유' 그리고 '용기'는 바로 기업가 정신의 핵심이다.

지금까지 이어져 오는 4차산업혁명과 다른 산업혁명이 태동하고 있다. 5차산업의 여러 비즈니스가 만들어져가고 있다. 이전과는 다른 비즈니스 생태계를 만들고 있다. 지금까지의 틀에서 연속으로 이어지는 것이 아니다. 창조적 파괴가 시작된다. 개인 혹은 개인들이 모인 스타트업이 '창조적 파괴'의 주인공이다.

이들은 '무無'에서 '유有'를 만든다. 투자자에게 '유'의 가능성을 구체적으로 보여주거나 '유'의 초기를 만들어서 보여주고 투자받는 과정이 핵심이다. 새로운 비즈니스가 만들어지는 것이 보이면, '유'에서 더 큰 '유'를 만드는 기존 기업들이 이어받는다. 이것이 5차 산업혁명으로 이어질 것이다.

산업혁명은 창조적인 아이디어에서 시작한다. 창조적 아이디어를 내려면 어떤 영감(insight)이 필요하다. 이 영감(insight)은 어렴풋한 생각을 가지고 다양한 자료를 탐색하거나, 다른 사람들 아이디어를 듣거나, 심지어는 자기 경험을 회고하는 등의 다양한 시도 과정에서 얻게 된다. 그리고 그 아이디어를 구체적으로 만들어간다. 즉, 영감을 얻은 후에는 그것을 바탕으로 새로운 아이디어가 나온다.

여러 아이디어가 나오면 생성된 아이디어에 대해 개별 장단점을 평가하고, 가장 효과적이고 실행할 수 있는 아이디어를 선택하게 된다. 이때 평가의 기준은 만들어질 제품이나 서비스의 가치(Value)를 구매하는 고객에게서 찾아야 한다. 잠재 고객이 어느 정도 확인되면 선택된 아이디어를 제품이나 서비스로 구체화하고, 제품과 서비스의 양산 방법과 비용·수익구조를 분석하는 것이 새로운 비즈니스의 업무가 된다. 자원을 파악하고 구현에 필요한 전략을 수립한다. 이 과정은 선형적(linear)이라기보다는 반복적(reciprocal)이며, 아이디어가 발전하지만 계속해서 수정되고 개선된다. 이를 피보팅한다고 한다.

모험자본이
확충되어야 한다

우리나라에서 제5차산업에 포함될 비즈니스를 많이 만들고 발전시키면 된다. 이미 우리나라의 쓰레기 배출시스템은 훌륭하다는 평가를 받는다. 미국과 이스라엘은 스타트업의 천국이어서 좋은 스타트업이 많이 탄생하지만, 우리나라 스타트업들의 실력은 대단한데, 금융계가 도와주지 않는다. 모험자본이 크게 부족하다. 우리는 빨리빨리의 문화에 익숙하다. 이 문화에 스타트업이 올라타면 좋은 경제적 성과를 기대할 수 있다고 확신한다. 모험자본을 확충하도록 우리 모두 아이디어를 내야 한다. 정부가 이에 대한 큰 정책을 마련해야 한다.

5차산업혁명에는 크게 두 가지 생각을 담고 싶다. 'CO_2를 줄이는 비즈니스 생태계를 만들자'와 '개인 혹은 스타트업들이 경제적 역할을 더하도록 하자'이다. 필자의 이런 주장이 너무 당위론적이고도 이상적인 아이디어라고 혹평을 받을 수도 있겠다.

하지만 경영학도의 입장에서 5차산업혁명은 이렇게도 설명할 수 있다. 150여 년간의 기술혁신 연구에서 도출한 S-shape 곡선에 근거하는 주장이다. 보통 혁신이 천천히 이루어지는 초입기가 있고, 가파르게 올라가는 발전기를 지나 혁신의 속도가 줄어드는 정체기에 다다른다. 이때 또 다른 기술혁신이 지금 눈에 크게 보이는 기술혁신 아래에서 함께 잉태된다. 기술혁신 역사에서 보면 하나의 산업혁명이 이루어지는 과정에 또 다른 산업혁명의 기술혁신 씨앗이 함께 자란다. 지금이 그때다. 4차산업이 비즈니스가 한창이지만 이미 5차산업의 씨앗이 잉태되었다. 우리가 이 선두에 서보자.

개인, 스타트업을
주요 경제 주체로 만들자

오래전 일이다. 삼성전자의 (故)이건희 회장은 중국 베이징에서 한국 특파원들과의 간담회에서 "우리나라 정치는 4류, 행정조직은 3류, 기업은 2류다"라고 말했다. 당시에 충격이었다. 사실이었지만 이 사실을 말할 수 있는 분위기는 아니었기에 우리는 그 대담함에 놀랐다. (故)이건희 회장 이후에 이런 발언을 공개적으로 한 기업인은 없었다. 그런데 최근에 이런 기업인이 등장했다.

'타다'라는 스타트업이 2018년에 새로운 모빌리티 플랫폼을 출시했다가 기존 모빌리티 업체들의 반대로 2019

년에 고발당했다. 이재웅 대표는 반발하였고 법적인 논쟁은 지속되어 대법원 판결이 2023년 5월에 나왔다. '타다는 무죄다'라고. 이 과정에서 우리나라 기업 역사에 기록될 만한 해프닝이 하나 발생했다. 이재웅 대표와 당시 금융위원장인 최종구 장관과의 설전이 있었다. 이 설전은 최종구 장관이 이 대표를 향해 '이기적이고 무례하다'라고 했고, 이 대표는 페이스북 미디어를 통해 '국회의원 출마하시려나 보다' 식의 설전이 오고 갔다. 스타트업 대표가 정부 관료와 각을 세우는 말을 하는 것은 이제까지 있을 수 없는 일이었다. 그런데 이런 설전이 발생했다. 이 설전은 미디어의 헤드라인에 나올 정도였으니까 우리를 당혹하게 만들었다. 하지만 필자는 기업의 위상에 대한 변화의 큰 신호라고 여긴다.

'카카오뱅크'라는 새로운 인터넷 은행의 탄생과정에서도 시사점이 많다. 카카오톡은 IT 관련 전문지식이나 통신업 지식은 많았지만, 은행에 대한 업무 지식이 없어서 카카오뱅크의 주주인 KB금융에서 은행업 관련 전문인력 15명을 파견받아 서비스 프로그램을 개발하였다. 그리고 2020년에 15명 전원이 카카오뱅크에 잔류하는 사태가 발생했다. 이들 전원이 '원대 복귀'를 거부하였다. 또 다른 이

유가 있었는지 잘 모르지만, KB금융 직원들이 선택한 것은 결국, 신생 '카카오뱅크' 온라인 은행이었다. 소위 철밥통으로 인식하던 금융회사에서 신설법인인 스타트업, 카카오뱅크로 이직한 것이다. 스타트업의 힘을 말해주는 사건이었다. 스타트업에 대한 기대를 이야기하는 사례로 종종 인용된다.

삼성전자도 IT 인력을 놓고 '네카라쿠배당토'와 싸운다. IT 개발자들이 취업하고 싶어 하는 기업들을 묶어 부르는 말로 처음에는 네이버, 카카오, 라인을 의미하는 '네카라'로 시작되었지만, 곧이어 쿠팡과 배달의민족이 추가되어 '네카라쿠배'로 확대되었고, 이후에 당근마켓과 토스가 추가되었다. '네카라쿠배당토'라는 표현은 2021년도부터 널리 알려지기 시작했는데, 이제는 IT 인력이 스타트업을 선호하는 현상이 발생했다. 과거에 중소기업 시절과는 비교가 안 된다. 새로운 세상이다. 스타트업이 경제 주체로 부상하고 있다.

롱테일이코노미 시대니까 자신있게 도전하라

우리나라의 호미가 아

마존에서 많이 팔린다. 호미는 우리나라에서 만들어진 도구로 농사용이지만, 일반 가정집에서도 분갈이하려고 가끔 사용하는 도구이다. 그런데 이 호미가 어떻게 아마존의 상품으로 등록되었나? 어떻게 팔릴까? 우리나라에서 호미는 소매가로 7~8,000원 한다. 아마존에서의 호미 가격은 3만 원 정도다. 석노기 영주대장간의 대표(70)가 그 주인공이다. 그는 지금 미국은 물론, 호주, 이탈리아, 인도 등, 10여 개국 이상에 자신의 호미를 수출하고 있으며 미국에서는 수입회사가 3군데로 더 늘어났다. 수입하려는 나라는 점점 더 늘어나고 있다. 석 대표의 호미는 아마존에서 히트였다. 2019년 한해 아마존 원예 부문 상품 '톱10'에 들었다. 구매자 70%가 별점 5점 만점에 5점을 줬다.

아마존의 창업자는 제프 베조스는 10년 동안 변하지 않을 것이 무엇일까를 생각하고 나서 소비자들은 저렴한 가격으로 제품구매를 원하고 배송이 빨라질 것을 원할 것으로 생각, 이런 가치를 만들어내는 아마존을 키웠다. 오프라인 매장이 없는 온라인에서의 구매를 IT로 하다 보니까 소위 롱테일 이코노미(Longtail Economy)가 가능해졌다.

롱테일의 그래프 앞부분을 헤드라고 부르고 뒤를 꼬

리라고 부른다. 헤드에 해당하는 판매 아이템이 20%의 매출을 올리지만, 뒤에 꼬리 부분의 매출이 80%를 차지한다는 것이 롱테일 이코노미의 핵심이다. 전 세계를 대상으로 플랫폼을 만들었고, 오프라인으로 운영하면 인기도가 높은 20%만을 진열할 수 있지만, 온라인으로 진열하다 보니 무한히 많은 아이템을 팔 수 있도록 진열할 수 있었다. 그래서 호미가 세계에 팔린다.

틈새시장은 상대적으로 적지만 글로벌 차원에서는 틈새시장은 작지 않다. 글로벌로 틈새시장을 공략할 방법이 e-commerce 플랫폼이다. 이제는 틈새시장, 글로벌 틈새시장으로 길이 활짝 열려있다.

지금까지 산업혁명은 기업이 만들었다. 개인과 기업과 정부가 경제의 세 주체인데, 초기에는 정부가 앞장서다가 기업이 그 앞자리를 차지했다. 역할이 커졌다. 기업이 경제 주체로서 비중이 큰 것은 당연한 일인데, 지금은 그 비중이 커져도 너무 커진 것 같다. 다국적 빅테크 기업은 어느 나라 정부의 영향도 받고 싶지 않다. 그 갈등은 유럽에서 발생하기 시작했다. 이들 빅테크 기업이 법 위에 군림하는 느낌이다.

우리는 2년 전에 미국 바이든 대통령의 방한 시기에서

도 느꼈다. 바이든 대통령이 방한하면서 삼성전자에 먼저 가고, 떠나는 날에는 현대자동차와 회의하고 떠난다. 윤석열 대통령도 방한하는 마크 저커버그를 용산으로 초대하고, 샘 월트만도 만난다. 많은 개인은 경제활동을 하기 위해 거대기업에 들어가려고 줄을 서 있다. 개인이 점점 경제적 종속체 혹은 피동적 경제 주체가 되어가는 느낌이다.

핵개인이 새로운 경제주체가 되자

개인과 함께 기업의 규모도 커지는 것을 기대도 하지만 한편으로는 종속되어야 한다는 불편한 마음, 빅테크 기업에게 끌려다닌다는 생각을 필자만 하는 것은 아닐 것이다. 걱정된다. 그래서 생각해본다. 앞으로의 비즈니스 생태계는 개인 혹은 몇몇 개인이 모인 스타트업이 주연 역할을 더 했으면 한다. 지금까지는 규모가 큰 기업 위주로 우리나라 경제·사회의 판이 만들어졌지만 이에 보정이 필요하다. 출생 신분이 아니라, 보유한 자본에 의해서가 아니라 새로운 생각으로 더 좋은 사회를 꿈꾸는 개인들이 건강한 경제 주체로 등장해야 하는 것 아닌가? 이런 5차산업혁명을 생각한다.

인간은 기본적으로 자신의 가치를 인정받고 존중받는 것을 원한다. 이는 매슬로우의 욕구 계층 이론에서도 볼 수 있는 인간의 기본적인 욕구 중 하나이다. 다른 사람들로부터 존중과 인정을 받으면, 그로 인해 자신감이 향상되고, 더 나은 성과를 낸다. 서로를 존중하고 인정해주면, 사회적 연결감이 강화되고, 사회적 동질성이 높아진다. 이 존중과 인정으로 사람들에게 행복감을 주며, 이는 긍정적인 감정을 증가시키고, 스트레스를 감소시킨다. 이는 우리가 사회적 동물로서, 서로에게 영향을 미치고, 서로에게 영향을 받는다는 사실을 잘 보여준다. 존중과 인정이 우리 사회를 건강하게 만드는 중요한 가치이다.

구체적인 실천 방법으로는 상대방을 존중하고 인정함으로써 상호 간에 신뢰와 긍정적인 관계가 형성된다. 이로써 자신에 대한 자신감을 높일 뿐 아니라 자아 성장은 물론, 타인의 노력과 업적을 인정하면서 그들의 성장을 격려하고 발전을 촉진할 수 있다. 서로 다른 의견과 관점을 인정하는 과정에서 상대방으로부터의 긍정적 인정은 창의적 사고를 촉진하고 새로운 아이디어를 도출할 수 있게 한다. 그리고 갈등도 줄여준다.

가치있는 개인정보
생산자가 되면 된다

가방이 낡아서 하나 바꿔보려고 인터넷쇼핑몰에서 한번 찾아보았는데 가방 광고가 매번 들어온다. 귀찮다. 등산용 신발을 하나 사려고 서핑을 30분 정도 하면, 이후 계속 등산화 관련 광고를 보낸다. 개인정보를 빅테크 기업이 너무 쉽게 가지고 간다.

개인이 데이터생산자로서 자신을 보호하려면 개인의 디지털 시큐리티가 매우 중요하다. 인터넷에서 조그만 물건을 하나 샀는데, 컴퓨터 화면에 연일 비슷한 관련 상품 광고를 받으니까 짜증이 난다. 이제는 기업에 개인정보를 주기 싫다.

최근에 항공 장애가 크게 있었다. 마이크로소프트가 자신들의 클라우드 시스템을 이용하는 많은 기업과 개인들에게 큰 불편을 안겨주는 사건이 있었다. 원인이 디지털 보안 때문이라고 알려져 있다. 이미 전 세계는 인터넷으로 연결되어 있기에 이런 문제는 앞으로 계속 더 늘어날 가능성이 있다.

데이터로 비즈니스를 해야 하는 지금의 시점에서 개

인이나 스타트업이 어떤 비즈니스를 준비할 때, 제일 먼저 챙겨야 할 것은 디지털 시큐리티이다. 개인은 이제 노동자가 아니라 데이터 생산자이고 가치생산자이다. 우리들이 만드는 데이터를 모아서 필요한 서비스에 공급하고 경제적으로 나누어 가져야 한다. 개인이 생산하는 정보를 암호화하고 이를 모으는 새로운 비즈니스 모델이 나온다.

개인과 스타트업들이 약진하는 비즈니스 생태계가 만들어져야 사회적인 양극화 문제가 해결된다. 개인들이 미래를 불안하게 느끼지 않게 스스로 경제적 가치를 생산하기 쉽게 환경을 만들 수 있다. 지금의 기술로만도 충분하다. 이런 의미에서 개인과 스타트업이 5차산업혁명에서 주연을 해보자.

싱귤레러티 시대니까
가능하다

    레이 커즈와일은 「특이점(Singularity)이 온다」라는 책을 썼다. 그는 "2045년에 '싱귤레러티'가 온다"라고 했다. 이 책이 2005년에 출판되었으니까 그때만 해도 40년 뒤 미래 이야기라서, 그냥 '그런가 보다' 했었다. 그런데 2022년에 샘 알트먼이 오픈 AI를 세상에 내놓자마자 다시 이 책을 꺼냈다. '싱귤레러티가 진짜 오네, 얼마 안 남았네' 싶다. 이제 '싱귤레러티'에 대한 의심은 사라졌다. 오히려 '벌써 옆에 왔네'라는 생각이다.

    AI로 인해 인간의 지능을 넘어서는 로봇이 등장하고

우리와 함께 생활하게 된다. 삼체라는 SF 영화가 한창이어서 날밤 새면서 보았다. 이미 AI가 신(神)이 되었다는 느낌이다. 과학기술은 인간이 발전시켰는데, 이제는 과학기술이 인간을 새롭게 만드는 역사를 쓰기 시작했다. 아마도 완전히 다른 새로운 형태의 인간도 만들어 낼 기세이다. 우리는 이를 '트랜스 휴먼'이라고 부르기도 한다. 철학적인 논쟁이 시작되었다.

이 시점에서 우리는 자신에게 물어야 한다. 자문해본다. "우리 '인간'은 무엇인가, 지금과 같이 수동적이어도 되는가, 빅테크 기업이 자본을 동원해서 과학기술을 독점하면서 만들어가는 세상에 그냥 따라가면 되는 건가, 세상의 변화를 수동적으로 받아들이면서 사는 것이 우리가 원하는 것인가"를 생각해보자.

정치인과 기업들이 모두 '사람이 중요하다'라고 하지만 진정성을 느끼기 어렵다. 국회의원은 자신에게 표를 던져주는 '사람'만을 생각하고, 기업들은 만든 제품과 서비스를 구매해주는 '사람'만을 생각하고 있다. 같은 사람이지만 자신의 위치를 만들어가기 위한 개인을 개념화시키고 있다는 생각이다. 이 또한 인간이니까.

기업은 개인을 '소비자'로 만들었다. 개인이 소비자이

긴 하지만 '소비자'에 한정되어서는 곤란하다. 역사적으로 보면 헨리 포드가 만든 자동차인 '모델 T'를 당시 포드의 노동자들이 구매할 수 있도록 임금을 파격적으로 올려주면서 회사에서 자동차를 생산하는 개인들을 '소비자'로 만들어갔다. 그리고 얼마 있다가 미국 기업들이 '소비는 미덕'이라고 홍보한다. 기업이 개인을 마케팅과 영업을 위한 '소비자'로 개념화시켰다. 우리는 이를 받아들인다.

개인들은 가치생산자인 경제 주체로 거듭나야 한다. 핵개인의 시대라는 개념도 누군가 만들었다. 조직에 들어가지 않아도 개인들은 경제활동을 직접 영위할 수 있어야 한다. 우리 개인이 소비자이면서 가치생산자가 되는 비즈니스 생태계를 만드는 것이 5차산업혁명의 내용이 되어야 한다. 5차산업이 되는 많은 비즈니스를 개인들이 주체가 되어서, 개인들이 모인 스타트업이 주체가 되면서 만들어가야 한다. 기술은 많다. 이미 싱큘레러티 시대에 접어들었으니까.

우리는 과거의 틀에서 벗어나 미래의 새로운 길을 찾아야 한다. 과거의 틀이 덫이 되어서는 안 된다. 쉽지 않은 일이겠지만 우리가 성장하고 발전할 수 있는 유일한 방법이다. 과거의 틀에서 가능한 한 빨리 나와야 한다. '싱

굴레러티' 시대의 각종 과학기술을 활용하자.

우리나라의 위상은 이제 세계적이다. 대통령이 전 세계 지도자들과 사진을 많이 찍어서가 아니라 외국인들이 우리나라를 방문하거나, 외국인들이 우리말을 배우는 지금의 트렌드가 이를 증명한다. 우리나라가 전 세계를 대상으로 이런저런 이야기를 할 수 있고, 상당 부분에서는 우리가 선도해도 된다. 단순하게 '새로운 시대를 만들자'라고만 이야기하는 것이 아니라, '퍼스트 무버'가 되자고 구호만 외치지 말고 5차산업혁명을 우리가 주도하자." 옛날에 영국에서 산업혁명이 일어난 것처럼. 자신감을 가지면 할 수 있다.

필자는 「철이네오이마켓」을 운영한다. 당근마켓이라는 회사명이 너무 좋아서 부러워하다가 '창조는 모방으로부터'라는 말이 있어 오픈이노베이션 마켓을 줄여서 '오이마켓'이라는 이름을 지었다. 세계적으로 많은 과학기술 지식이 있기에 방향과 속도의 전쟁에서 이기려면 남의 기술을, 남의 지식을 잘 가져다가 사용해야 한다. 기술을 가진 이들과 공식적인 협업을 통해 새로운 무언가를 만들어 낼 수 있다. 그동안 말로만 오픈이노베이션을 떠들었던 것 같다.

오픈이노베이션은 신뢰에 바탕을 둔다. 연구개발을 함께하려면 당사자들끼리 신뢰가 생기지 않으면 어렵다. 그런데 주체들 간의 신뢰는 어느 날 말로 '서로 믿읍시다' 하는 것으로 시작하는 것이 아니라 만나고 느끼고, 다른 이의 행동을 보고 나서야 그 신뢰가 만들어진다. 신뢰는 타인의 미래 행동이 자신에게 호의적이거나 또는 최소한 악의적이지는 않을 가능성에 대한 기대와 믿음을 말한다. 자주 만나고 상대방이 보유한 지식을 확인하고 서로 합해서 무언가를 만들 수 있다는 확신이 있어야 오픈이노베이션이 된다.

이러한 신뢰는 사회적 관계를 전제로 하며 점차적으로 협동을 만들어간다. 말로만 협동을 외치니까 이를 확인하기 위한 감시와 통제 비용이 발생한다. 본질적인 신뢰를 만들자, 그래야 오픈이노베이션이 활성화된다. 싱귤레러티 시대에 필요한 신뢰를 높여서 새로운 것을 만들어 보려고 「철이네오이마켓」을 계속 운영하려 한다.

요노(YONO)족이 소비를 바꾼다

　YONO족은 "You Only Need One"의 약자로, 단순함과 최소주의를 추구하는 사람들을 의미한다. 이들은 불필요한 소비를 줄이고, 꼭 필요한 물건만을 소유하며 삶의 질을 높이는 데 집중한다. YONO족의 생활 방식은 경제적 부담을 줄이고, 환경 보호와 지속가능한 소비에 대한 관심이 높아지면서 주목받고 있다. 이들은 주거 공간에서도 효율적으로 생활하는 방법을 모색하며, 실용적이고 기능적인 제품을 선호한다. 이러한 트렌드는 현대 사회의 빠른 변화와 경제적 불확실성 속에서 많은 사람에게 점점 공감을 얻고 있다.

    YONO족의 특징은 필수품 위주의 소비를 하는 한편, 외식, 여행, 명품과 같은 비필수적인 소비는 최소화한다. 소비할 때도 가장 가성비가 좋은 상품을 고르며, 가격 대비 성능을 매우 중요시한다. 예를 들어 YONO족은 다양한 요리 재료를 갖추지 않고, 하나의 기본 식자재를 활용해 여러 음식을 만드는 것을 선호한다. 또, 새로운 옷을 자주 구매하는 대신에 기본적인 옷 한 벌을 여러 방식으로 스타일링하여 다양한 용도로 활용한다. 최신 스마트폰, 태블릿, 노트북을 모두 갖추기보다는, 하나의 기기로 여러 기능을 활용한다. 태블릿을 사서 그것을 노트북 대용으로도 사용하거나, 스마트폰 하나로 모든 디지털 작업을 해결하려고 한다.

    이런 YONO족과 유사한 개념은 이전에도 많이 있었다. 미국과 유럽에서는 미니멀리즘(Minimalism)이라는 라이프 스타일이 있다. 미니멀리즘은 불필요한 물건을 줄이고, 꼭 필요한 것만을 소유하며 삶의 질을 높이는 것을 목표로 한다. 또한, 단순한 삶(Simple Living)이라는 개념도 있다. 이는 복잡한 현대 사회에서 벗어나 자연과 조화를 이루며 간소하게 사는 것을 추구한다. 이 외에도 제로 웨

이스트(Zero Waste) 운동이 있다. 이는 쓰레기를 최소화하고 재활용을 최대화하여 환경에 미치는 영향을 줄이려는 노력이다. 이러한 트렌드는 전 세계적으로 확산하고 있으며, 많은 사람이 경제적 부담을 줄이고 환경을 보호하는 데 동참하고 있다.

앞으로 우리 인간은 자아실현을 위한 소비에 더 관심을 가질 것 같다. 메타(페이스북)를 이야기해보자. 메타는 사람들 간의 소통 플랫폼이다. 전 세계의 친구, 가족, 동료들과 소통하고 정보를 공유할 수 있는 플랫폼을 제공한다. 사용자들은 개인적인 이야기, 사진, 동영상을 공유하고, 다른 사람들의 게시물에 댓글을 달거나 '좋아요'를 눌러 소통한다. 그룹 기능을 통해 커뮤니티를 만들기도 하고, 만들어진 커뮤니티에 참여한다. 특정 주제에 대한 깊은 토론을 나누거나, 같은 관심사를 가진 사람들과 소통할 수 있게 만들어져 있다. 그리고 소통은 물론 일부는 거래까지 한다.

우리 인간은 사회적 동물로 사회적으로 어느 계층에, 어느 그룹에 속하고 싶어 한다. 이런 심리적 욕구를 자극하는 비즈니스를 이 메타가 한다. 앞으로는 그 이상의 인간적 욕구를 충족하고 싶은 소비가 많아질 것으로 예측된다. 매슬로우에 의하면 인간이 어떤 욕구를 만족하고 나면 차상위의 욕구로 옮겨간다고 한다. 사회적 욕구, 존경의 욕구를 만족하면 다음 단계인 자아실현을 위한 욕구로 옮겨 간다. 그러면 자아실현을 위한 소비가 증대할 것이다. 자아실현 방법은 매우 다양할 터, 이 중의 하나가 YONO족이다.

YONO족의 소비 패턴이 경제적인 이유인지, 자아실현을 하는 소비자의 패턴인지는 조금 시간을 두고 판단이 필요하지만 결국, YONO족의 소비 패턴이 기업들의 비즈니스에 영향을 크게 미친다. 이미 YONO족에 의해 많은 기업은 전략적 변화를 시도한다. 미국의 월마트 같은 대형 유통업체들은 YONO족과 같은 소비자를 타겟으로 저가형 필수품을 중심으로 제품을 구성하고 가격 경쟁에 나섰다. 월마트는 경제적 어려움 속에서도 저렴한 생필품을 제공함으로써 매출을 크게 늘렸고, 타겟이라는 유통업체는 필수 소비재 가격을 내려서 소비자의 신뢰를 얻었다.

애플, 삼성 등 기술 기업들도 최근 들어 가격 대비 성능이 뛰어난 보급형 기기를 함께 출시하는 전략으로 변화한다. 의류에서도 고가의 럭셔리 브랜드보다는 저가형 패스트 패션이 인기를 끌고 있다. 패션 브랜드들은 가성비 높은 기본 의류에 집중하는 마케팅을 강화하고 있으며, 환경을 고려한 지속 가능한 패션 라인으로도 소비자 관심을 끌고 있다. 이런 소비환경의 변화를 읽어 나가자.

세상의 미래는 꿈꾸는 사람의 것이다. 꿈은 우리를 앞으로 나아가게 하는 원동력이며, 새로운 가능성을 열어 준다.

그러나 꿈을 꾸는 것만으로는 충분하지 않다. 아무리 위대한 꿈이라도 실천 없이는 그저 환상에 불과하다. 성공한 사람들은 자신의 꿈을 향해 꾸준히 노력하고 행동에 옮겼기 때문에 이룰 수 있었다. 실행은 꿈을 현실로 만드는 다리가 된다. 벽이 있으면 무너뜨려야 다리가 된다.

우리는 꿈을 꾸되, 그 꿈을 이루기 위한 구체적인 계획을 수립하고 행동도 체계적으로 해야 한다. 꿈을 제대로 실행할 때 비로소 미래는 우리 것이 된다.

4장

호모사피엔스에서
호모스타트업으로

누구나 할 수 있지만
아무나 해서는 안 된다

 5차산업혁명의 새로운 경제 주체는 개인과 개인이 모여서 만든 기업형태, 스타트업이 된다. 많은 대다수의 우리들은 창업을 통해 삶을 영위하고 역경을 딛고 성공과 실패 속에서 발전해 왔다. 우리 사회가 창업을 더 쉽게 하고 '해볼만하다'라는 판단을 할 수 있는 환경을 더 열심히 구축해야겠다. 필자는 개인과 스타트업이 '창업할 때 명심할 것'을 9가지로 정리했다. 그리고 이를 「창선가」라는 제목을 붙였다.

 얼마 전 쿠팡이 나스닥에 상장하더니, 이제는 네이버웹

툰이 나스닥에 상장했다. 현대 사회에서 '스타트업'은 꿈과 희망의 상징으로 자리 잡았다. 스타트업은 빠른 성장과 높은 수익을 꿈꾸는 사람들에게 매력적인 선택지가 된다. '빨리빨리' 문화에 익숙한 우리에게 스타트업은 낯설지 않다. 창의적인 아이디어와 혁신적인 비즈니스 모델로 무장하고 기존의 시장 질서를 뒤흔들며 새로운 기회를 창출하는 것이 스타트업이다. 그러나 스타트업을 시작하는 것만으로 장밋빛 미래를 보장하는 것은 아니다. 스타트업 세계는 도전적이고 위험하기에 시작 전에 준비를 많이 하고 그 일을 할 수 있는 자질도 길러야 한다.

구글, 페이스북, 아마존 등은 모두 작은 스타트업으로 시작해 세계적인 기업으로 성장한 대표적인 사례들이다. 아이디어가 자본을 이기는 세상이다. 아이디어 하나로 시작해서 중견기업, 대기업으로 성장한 여러 성공 사례도 많다. 하지만 창업한다고 무조건 누구나 잘 되는 것은 아니다. 시장 조사와 분석, 기술 개발, 자금 조달 등 초기 단계에서의 어려움은 물론이고, 제품이나 서비스의 시장 적합성을 증명해야 하는 과정도 만만치 않다. 또한, 대부분의 스타트업은 초기에 수익을 내지 못해 자금난에 시달린다. 이러한 과정에서 창업자는 끊임없는 스트레스와 실패의 두려움에 맞서야 한다.

창업 준비는 '확신'이다

스타트업을 시작하기 위해서는 철저한 준비와 필수적인 기량을 갖추어야 한다. 먼저, 창업자는 자기 아이디어를 명확히 정의하고, 이를 구체화하는 과정을 진행한다. 아이디어가 아무리 뛰어나더라도, 이를 실현할 수 있는 구체적인 계획과 실행 전략이 없다면 성공은 요원하다. 시장 조사와 분석을 통해 자신의 제품이나 서비스가 어떤 문제를 해결할 수 있는지, 그리고 이를 통해 얼마나 많은 사람이 혜택을 받을 수 있는지를 명확히 해야 한다. 시장에 진입하면서 어떻게 경쟁력을 확보하고, 잠재 고객들에게 어떻게 신뢰를 줄 것인지를 명확히 해야 한다.

창업자는 끊임없는 학습을 통한 성장을 추구해야 한다. 빠르게 변화하는 기술과 시장의 트렌드를 따라잡기 위해서는 지속적인 자기 계발과 학습이 필수적이다. 창업자는 자신의 비즈니스에 대해 깊이 이해하고, 발생할 수 있는 다양한 문제들을 해결할 수 있는 능력을 보유해야 한다. 창업과 성공에 대한 '확신'은 본인이 준비해야 하는 것으로 옆에 있는 사람들이 이를 느껴야 한다. 투자자는 자신의 사업에 확신하는 사람을 찾는다.

혼자 못한다, 파트너를 구해라

스타트업의 성공을 위해서는 뛰어난 팀워크와 리더십이 중요하다. 혼자 모든 것을 할 수 없기에, 각 분야의 전문가들이 협력하여 최상의 결과를 만들어 내야 한다. 이를 위해서는 창업자가 팀원들과의 소통을 원활하게 하고, 각자의 강점을 최대한 발휘할 수 있는 환경조성을 할 줄 알아야 한다. 창업자는 비전과 목표를 명확히 제시하고, 팀원들이 이에 따라 동기부여를 받을 수 있도록 해야 한다. 사업은 평탄하지 않기 때문에 창업자는 어려운 상황에서도 포기하지 않고 끝까지 도전할 수 있는 강한 정신력과 추진력이 필요하다.

애플의 스티브 잡스는 제품 개발과 혁신을 위해 밤낮없이 일하며, 수많은 실패에도 불구하고 포기하지 않았다. 일론 머스크는 스페이스X와 테슬라의 성공을 위해 수많은 난관을 극복했다. 로켓 발사 실패와 재정난에도 불구하고 포기하지 않았기에 오늘날의 성공을 이룰 수 있었다. 또한, J.K. 롤링은 '해리포터' 시리즈를 출판하기 전 수많은 출판사로부터 거절당했지만, 포기하지 않고 끝내 전 세계적인 성공을 거두었다.

창업하려면 스스로에게 '나는 왜 이 일을 하고 싶은가'에 답해보자. 어떤 목표를 이루기 위해서는 강한 의지와 열정이 필수적이다. '죽기 살기로 한다'는 것은 목표를 위해 모든 역량을 집중하고, 어떠한 어려움도 극복하겠다는 결단을 의미한다. 초기 자금 부족, 시장의 불확실성, 경쟁사의 도전 등 수많은 장애물을 만났을 때, 사력을 다하는 노력하는 자세는 성공을 향한 중요한 요소이다.

'중꺾마'가 중요하다

죽기 살기로 노력하는 과정에서 가장 중요한 것은 '중꺾마'이다. 아무리 열정적으로 임하더라도, 중간에 마음이 꺾여 포기하게 되면 그동안의 노력이 물거품이 되기 쉽다. 지속적인 노력과 인내, 그리고 포기하지 않는 마음가짐이야말로 성공의 열쇠가 된다. 실패와 좌절은 과정의 일부이며, 이를 극복할 수 있는 힘은 꺾이지 않는 마음에서 나온다. 토머스 에디슨은 1,000번의 실패 끝에 전구를 발명했으며, 그 과정에서 포기했다면 그는 성공의 맛을 못 보았을 것이다.

자신이 왜 이 목표를 선택했는지, 왜 이 길을 가고 있는지에 대한 초심을 지속적으로 상기하는 것이 중요하다. 목표에 대한 강한 확신은 어려운 시기를 이겨내는 힘이 된다.

또, 작은 목표를 설정하고 이를 달성해 나가면 동기부여가 잘 된다. 작은 성공들이 쌓이면 자신감이 생긴다. 중간에 포기하지 않는다. 가족, 친구, 멘토 등 주변의 지지와 격려는 큰 힘이 된다. 어려운 시기에 함께해 줄 사람들이 있다는 것은 큰 위안이다. 또, 신체적, 정신적 건강을 유지하는 것이 중요하다. 충분한 휴식과 건강한 생활 습관은 지속적인 노력과 꺾이지 않는 마음을 유지하는 데 필수적이다.

스타트업은 분명히 매력적인 도전이지만, 아무나 쉽게 성공할 수 있는 것은 아니다. 철저한 준비와 끊임없는 노력, 그리고 사람을 끌어드리는 리더십과 팀워크가 결합할 때 비로소 성공의 가능성이 커진다. 창업을 꿈꾸는 이들이여, 자신의 준비와 자질을 다시한번 점검하고, 이에 맞는 철저한 계획을 세우는 것이 무엇보다 중요하다.

언제고 시작할 수 있지만
준비하고 시작하라

    스타트업은 혁신적인 아이디어를 바탕으로 개인들이 모인 집합이다. 많은 창업가가 꿈꾸는 성공적인 스타트업의 길은 언제든지 열려있지만, 그 '언제'를 잘 선택해야 실패의 가능성을 줄인다. 하이리스크 하이리턴(High Risk High Return)의 비즈니스를 하려면 리스크의 종류는 물론, 각 리스크 별로 언제 발생할지를 나름대로 파악하고 준비해야 한다. 지금이 맞나?를 계속 질문하자. '왜 지금이지?'를 묻고 답을 하자. 스타트업을 준비하면서 왜 지금 시작해야 하는 것인지를 확인해야 한다. 앞서 이야기한 혁신은 1,000개의 가닥으로 연결되어 있다는 사실을 잊지 말자. 다른 파트너들의 준비 정도를 확인하는 것이 '때'를 찾는 한 가지 방법이다.

자금 준비가 어느 정도 되는지에 따라 '때'가 정해진다. 해결하고자 하는 문제를 명확히 정의하고, 그 문제에 대한 구체적인 해결책을 마련되었는가? 타겟 시장의 규모와 성장 가능성, 경쟁 상황 등을 정확하게 알고 있는가? 초기 고객의 피드백을 수집하고 최소 요건 제품(Minimum Viable Product)으로 시장 반응을 테스트해 보았는가? 이러한 검증 과정에서 '때'를 찾을 수 있다. 언제 시작해야 하는지를 확인할 수 있다. 이러한 내용을 철저히 준비하고 시작해도 전혀 생각지도 못하는 외생변수를 만나서 창업자를 괴롭히는 것이 스타트업의 어려움이다.

P-S-M-B-C로 준비해라 | 비즈니스 모델을 만들기

위한 방법론이 따로 있는 것은 아니다. 나인블록(9 BLOCK)을 사용해서 비즈니스 모델을 설명하기도 하지만 필자는 비즈니스 모델로 P-S-M-B-C를 제안한다. 자신의 비즈니스 내용을 이 순서로 설명해보자. P(Problem), S(Solution), M(Market),

B(Business Model), C(Competency) 순서로 작성해서 상대방에게 설명하는 것이 중요하다. 이를 활용하여 사업 아이디어를 체계적으로 정리하고, 재무 계획을 세워 초기자본, 예상 수익, 비용 구조 등을 명확히 해야 한다.

또 경쟁 분석을 통해 주요 경쟁자를 파악하고 그들과 차별화되는 전략을 마련해야 한다. 이때 전략의 선택기준은 고객에게서 나온다. 고객과 시장에 대한 예리한 분석이 필요하다. 구체적이고 측정 가능한 목표를 설정해서 이를 달성하기 위한 주요 성과 지표(KPI)도 정해야 한다.

함께 일할 파트너를 구하는 것이 스타트업 성공의 핵심 요소이다. 서로의 강점을 보완할 수 있는 파트너를 찾고, 필요 기술과 역량을 갖춘 핵심 팀원을 구성해야 한다. 각자의 역할과 책임을 명확히 하여 효율적인 업무 수행을 도모하고, 팀원 간의 신뢰와 협력을 바탕으로 성장할 수 있는 팀을 만들어야 한다.

자랑스러운 팀 구성이 경쟁력이다

기업을 잘 운영하려면 소위 「사람 공부」를 많이 해야 한다. 이「사람 공부」를 해야 하는 큰 이유 중 하나가 스타트업에서 함께 일할 사람을 선택하기 위해서이다. 창업 초기의 경우, 업무를 추진하면서 기계적으로 역할 분담을 할 수 없다. 업무의 속성상 유기적인 관계 속에서 업무가 추진되다 보니까 팀의 구성이 생명이다. 어떤 지시로 팀원이 움직이는 것이 아니라 팀원이 상황에 따라서 알아서 움직여야 한다. 이 또한 시작할 '때'을 확인하는 기준이 된다. 팀이 모였는지를 확인하고 아직이라면 다시 생각해야 한다. 물론 마냥 늦추자는 이야기는 아니다.

엔젤투자, 크라우드 펀딩, 정부 연구개발 과제, 벤처캐피탈 등 다양한 자금 조달 방법을 검토해야 한다. 손익분기점(Break Even Point)까지는 시간이 필요하기에 투자자와의 신뢰 관계를 잘 구축해서 자금 조달을 지속적으로 받아야 한다. 초기 투자자들에게 자금을 지원받았으면 이들에게 계속 회사의 상황을 알리고 어려운 죽음의 계곡을 지나갈 수 있도록 네트워크 관리를 해야 한다. 초기 투자자들의 경우, 이들이 판매를 지원해주기도 하고 회사에 필요한 다른 기회를 만들어주는 경우가 많다. 그래서 스마트머니라고 한다. 자금 조달과 관련한 시기를 계산해보고 적절한 자금 조달 창구를 준비할 수 있는지를 확인하자. 시작할 '때'를 확인하는 제일 중요한 기준이 된다.

이런 '때'를 확인하면서 스타트업을 시작한다면, 성공 가능성을 크게 높일 수 있다. 준비되지 않은 상태에서 무작정 시작하면 자원 낭비는 물론, 사업 실패로 이어진다. 충분한 준비와 검토를 통해 탄탄한 기반을 마련하는 것이 중요하다. 준비는 아무리 강조해도 지나치지 않는다. 준비된 스타트업은 지속 가능한 성장을 이루고, 시장에서 경쟁력을 갖춘 기업으로 자리 잡을 수 있다. 그때그때 상황에 따라서 그 준비할 내용이 달라진다.

세상이 관심 갖는
사업 주제가 좋다

　창의적인 아이디어를 가지고 쉽게 창업할 수 있고 기술 발전으로 인해 세계화가 가능해서 스타트업 문턱은 분명히 낮아졌다. 스타트업의 성공은 '사업 아이템', 소위 비즈니스 주제로 결정된다. 비즈니스 주제는 세상이 관심을 가지는 아이템으로 선택하는 것이 유리하다. 내 것이 아무리 좋다고 주장해도 남들이 관심을 주질 않으면 사업하기가 힘들다. 여러 고객을 여기저기에서 불러 모아야 하는 상황과 모인 고객에게 다가가는 상황은 다르다. 세상의 관심에 올라타야 한다. 즉, 트렌드도 잘 살피고 이에 편승해야 한다. 이것이 1차적 성공의 관문으로서 시장에 들어갈

시간을 줄일 수 있다.

기후재앙 대응과 건강

세상의 관심을 끄는 주제는 시대의 흐름과 트렌드를 반영하며, 사회적, 경제적, 기술적 변화를 포착하는 것에서 출발한다. 예를 들어, 지금 기후변화와 환경 보호는 전 세계적으로 중요한 이슈가 되고 있다. 이로 인해 친환경 기술, 재생에너지, 지속가능한 패션 등의 분야는 많은 주목을 받고 있으며, 관련 스타트업들도 빠르게 성장하고 있다. 또한, 건강과 웰빙에 대한 관심이 높아지면서 헬스케어와 피트니스, 정신 건강 관리 등의 분야 역시 큰 관심을 받고 있다. 이러한 주제들은 단순히 트렌드에 그치지 않고, 장기적인 관점에서 꾸준한 수요와 관심을 받을 가능성이 크다.

스타트업을 시작하기 전에 철저한 시장 조사와 트렌드 분석은 필수적이다. 이는 자신이 선택한 사업 아이템이 실제로 시장에서 얼마나 관심을 받을 수 있는지, 그리고 얼마나 지속 가능성이 있는지를 판단하는 데 중요한 역할을 한다. 이 분석은 투자자가 항상 알고 싶어 하는 1순위 내용이다.

다양한 데이터와 통계를 활용해 시장의 크기, 경쟁 상황, 타겟 고객층의 요구와 니즈를 분석해야 한다. 예를 들어, 인공지능(AI)과 머신러닝 기술은 최근 몇 년간 폭발적인 성장을 이룬 분야로, 이 축적된 기술과 데이터가 있으면 의료, 금융, 교육 등 다양한 산업에서 큰 변화를 이끌게 된다.

반면에 때를 만난 사업 아이템이라고 너무 안심해도 안 된다. 세상의 관심을 받는 사업 아이템을 선택하는 것만으로는 충분하지 않다. 스타트업은 빠르게 변화하는 시장 환경에 유연하게 대응할 수 있어야 한다. 초기 아이디어가 시장에서 예상보다 적은 관심을 받거나, 새로운 경쟁자가 등장할 경우, 유연하게 전략을 수정하고 적응할 수 있는 능력을 필요로 한다. 예를 들어 코로나19 팬데믹은 전 세계적으로 원격 근무, 온라인 교육, 비대면 서비스 등의 분야가 급격히 성장했다. 이러한 변화에 빠르게 적응하고 새로운 기회를 포착한 스타트업들이 성공했다.

세상이 관심을 가지는 아이템이라 하더라도, 창의성과 혁신이 없다면 성공하기 어렵다. 기존의 문제를 새로운 방식으로 해결하거나, 기존 제품과 서비스를 획기적으로 개선하는 아이디어가 필요하다. 이는 곧 시장에서 차별화와 경쟁 우위를 확보하는 열쇠가 된다. 일례로, 음식 배달 서비스는 이미 많은 업체가 존재하는 시장이다. 하지만 건강한 식단을 제공하거나, 특정 식이요법을 위한 맞춤형 배달 서비스 등 차별화된 아이디어를 도입하면 새로운 시장을 창출할 수도 있을 것이다.

고객을 구분하는 세그먼테이션과 어떤 고객을 주요 고객으로 할지, 내가 어디에 포지셔닝을 해야 하는지를 생각하자. 스타트업 마케팅의 기본이다.

투자자가 부자되면
창업자는 저절로 부자된다

 스타트업 창업자라면 누구나 자기 아이디어와 비즈니스 모델을 통해 큰 성공을 거두고 부자가 되고 싶어 한다. 하지만 그 길에는 반드시 거쳐야 할 중요한 단계가 있다. 그것은 바로 투자자를 부자로 만들어주는 것이다. 스타트업의 성공은 단순히 창업자의 아이디어와 노력만으로 이루어지지 않는다. 투자자의 지원과 신뢰가 매우 중요한 역할을 한다.

 스마트머니를 투자받는 것이 좋다. 투자자는 스타트업에게 생명선이다. 특히 스마트머니를 받으면 좋다. 이 스마트머니를 제공하는 투자자는 초기 자금을 제공하고, 비즈니스 모델의 검증과 확장을 지원하며, 때로는 중요한 인맥과 조언을 제공한다. 스타트업이 초기 단계에서 자금난을 겪는 경우가 많기에, 스마트머니 투자자의 지원은 사업을 계속할 수 있는 핵심 요소가 된다.

다양한 성공 사례를 보면 투자자를 부자로 만드는 전략이 중요하다는 것을 확인할 수 있다. 예를 들어, 페이스북의 마크 저커버그는 페이스북을 통해 사용자 기반을 빠르게 확장하고, 광고 수익 모델을 성공적으로 도입해 초기 투자자들에게 큰 수익을 안겨주었다. 또한, 국내 스타트업 쿠팡도 초기 투자자들에게 큰 수익을 안겨주었다. 쿠팡은 빠른 배송 서비스와 다양한 상품군을 통해 시장 점유율을 확장하고, 고객 만족도를 높이는 전략을 통해 투자자들의 신뢰를 얻었다.

투자자와 신뢰 구축이 시작이고 끝이다

투자자와의 신뢰를 구축하려면 사업의 진행 상황, 재무 상태, 향후 계획 등을 정기적으로 공유함은 물론, 문제가 발생했을 때 즉시 공유하는 것이 중요하다. 이러한 커뮤니케이션은 투자자에게 신뢰받고 장기적인 관계를 구축하는 데 큰 도움이 된다. 이와 함께 투자자에게 수익 모델과 성장 전략을 적극적으로 제시해야 한다.

투자자들은 자신이 투자한 자금이 어떻게 사용될지, 어떤 방식으로 수익을 창출할지 명확히 알고 싶다. 따라서 구체적인 비즈니스 플랜과 단계별 성장 전략을 제시하는 것이 필요하다. 매출 성장, 시장 점유율 확대, 고객 확보 등 구체적인 성과 지표를 설정하고 이를 달성하는 과정을 보여주어야 한다. 성과가 명확하게 나타날 때 투자자들은 자신의 투자가 성공적임을 확신하게 된다. 마지막으로 빠르게 변화하는 시장 환경에서 지속적인 혁신을 하고 있음을 보여주어야 신뢰가 구축된다. 시장의 변화에 빠르게 적응하는 유연성을 보여주어야 한다. 이런 과정을 통해 '죽음의 계곡'을 통과할 수 있다. 죽음의 계곡을 지나가는 것을 보여주면 투자자들에게는 큰 신뢰를 받는다. 후속 투자 받는데도 유리하다.

비상장주식은 거래가 잘되지 않는다. 거래될 수 있는 시간대에 기존 초기 투자자들이 투자회수할 수 있는 기회를 마련해주는 것도 스타트업 대표들이 담당할 역할이다. 창업자들이 IPO(주식상장)를 추구하지만, 시간대별로 스타트업이 기계적으로 밸류업이 되지는 않기에 투자자들에게 사업설명을 정기적으로 하고 투자자들이 기다릴 수 있는 시간을 확인하는 것도 중요하다. 삼성전자와 현대자동차처럼 매일 공시되고 매일 매 시간대에 거래할 수 있는 상황이 아니기 때문이다.

계주달리기가 아니다, 농구게임이다

 스타트업 하는 것을 마라톤에 비유한다. 길고 힘든 여정을 거쳐야 하며, 꾸준한 노력과 인내가 필요하기 때문이다. 단순히 개인의 노력과 끈기만으로 성공할 수 있는 것은 아니다. 짧은 과정·과정에서 스타트업 창업은 육상의 단거리 달리기는 아니다. 농구에 더욱더 가까워서 팀워크, 전략적 사고, 빠른 상황 판단과 적응이 필수적인 스포츠로 인식되어야 한다.

전략적인 농구게임이다

실제로 많은 성공적인 스타트업들이 농구적 접근 방식을 채택했다. 예를 들어, 구글은 초기부터 팀워크와 협업을 중시하며, 다양한 아이디어를 자유롭게 공유하는 문화를 형성했다. 이를 통해 빠르게 변화하는 기술 시장에서 혁신적인 제품을 출시할 수 있었다. 또한, 넷플릭스는 시장 변화에 빠르게 대응하며 스트리밍 서비스로 전환하는 전략적 판단을 통해 성공을 거두었다. 또 다른 예로, 테슬라는 시장의 예측 불가능한 변화에 신속히 적응하며 전기차 시장을 선도하고 있다. 일론 머스크는 팀원들과의 긴밀한 협력을 통해 혁신적인 기술을 개발하고, 변화하는 시장 상황에 유연하게 대응한다.

농구는 개인의 능력만으로 승리할 수 없는 팀 스포츠이다. 각 선수는 자신의 역할을 충실히 수행하면서도 팀원들과 협력해야 한다. 스타트업 역시, 창업자는 혼자 모든 것을 해결할 수 없다. 다양한 분야의 전문가들로 구성된 팀이 협력하여 목표를 달성해야 한다. 팀원 간의 원활한 소통과 협력은 스타트업의 성공에 필수적이다.

농구에서는 상대 팀의 전략을 분석하고, 그에 맞는 전

략을 세워야 한다. 또한, 게임 중에도 상황에 따라 전략을 유연하게 수정해야 한다. 스타트업도 시장 상황과 경쟁자의 움직임을 자세히 분석하고, 이에 맞는 비즈니스 전략을 수립해야 한다. 초기 계획이 성공하지 않을 경우, 빠르게 새로운 전략을 도입할 수 있는 순발력과 유연성이 필요하다.

농구 경기에서는 순간적인 상황 판단이 중요하다. 공을 가지고 있는 선수는 수비의 움직임을 보고 빠르게 판단하여 패스, 드리블, 슛 등 최적의 선택을 해야 한다. 스타트업 창업자도 마찬가지로 빠르게 변화하는 시장 상황에 맞춰 신속하게 대응해야 한다. 새로운 기술 도입, 고객의 요구 변화, 법규 변경 등 다양한 변수에 신속하게 대응할 수 있어야 한다.

농구 경기에서는 예기치 않은 상황들이 자주 발생한다. 갑작스러운 부상, 예상치 못한 수비 전략 등 다양한 변수가 경기에 영향을 미친다. 스타트업도 예측하지 못한 도전에 직면할 때가 많다. 투자 유치 실패, 예상보다 낮은 시장 반응, 내부 갈등 등 다양한 어려움이 발생한다. 이러한 도전을 극복하기 위해서는 팀의 결속력과 창의적인 문제 해결 능력이 중요하다. 그리고 이를 힘들다고 생각하지 않고 즐겨야 한다. 스타트업은 일을 하려고 만든 조직이지만 일을 일로서만 받아들이면 힘들기 그지없다. 하루하루 조그만 성취를 즐거워하는 가치생산자로서의 즐거움을 찾는 것이 이기는 길이다.

기업가치도 중요하지만
손익분기점에 집중하라

스타트업 세계에서 흔히 자주 이야기하는 단어 중 하나는 '기업가치(Value)'이다. 많은 창업자가 초기부터 높은 기업가치를 달성하려고 노력하며, 이는 투자 유치와 시장에서의 입지를 다지는 데 중요한 요소로 작용한다. 그러나, 기업가치에만 집착하다 보면 정작 중요한 것을 놓칠 수가 있다. 회사의 매출에서 비용과 손익을 항상 계산해보아야 한다.

'앞에서 남고 뒤에서 밑진다'는 이야기가 있다. 남아야 기업을 영위할 수 있다. 기업가치가 먼저가 아니고 손익분기점이 우선시 되어야 한다. 손익분기점(Break Even Point)에 빨리 도달해야 하는 이유는 스타트업의 안정성 확보와 시간을 벌기 위해서이다. 드롭박스(Dropbox)는 초기부터 사용자 기반을 빠르게 확장하면서도 비용을 철저히 관리하여 손익분기점에 빠르게 도달했다. 이를 통해 안정적인 수익을 창출하고 지속 가능한 성장을 달성했다. 매출이 없는데 기업가치만 올리면서 투자금으로 운영하는 스타트업에 대해 투자자는 마냥 불안하다.

손익분기점은 수익이 비용을 초과하여 실제로 이익이 발생하기 시작하는 지점이다. 스타트업이 이 지점에 도달하면, 비로소 지속가능한 비즈니스 모델을 갖추었다고 할 수 있다. 이는 투자자에게도 긍정적인 신호로 작용하며, 추가 자금 유치나 시장 확대를 위한 기반이 된다. 스타트업에게는 비전도 중요하고, 실행계획도 중요하고 실적도 중요하다.

손익분기점에 도달하는 전략을 제시하라

기업가치는 종종 시장의 기대와 잠재력, 그리고 잠재적 성장 가능성을 반영한 평가이다. 초기 단계에서는 미래의 가능성에 대한 기대감으로 높게 평가될 수 있지만, 실제 수익이 발생하지 않으면 그 가치는 쉽게 달라진다. 반면, 손익분기점은 실제 현금 흐름을 바탕으로 한 것이기 때문에 더 현실적이고 안정적인 경영 지표이다.

우선, 효율적인 비용 관리가 필요하다. 스타트업 초기에는 불필요한 비용을 최소화하고, 필수적인 부분에 집중해야 한다. 비용을 줄이는 것은 단기적으로는 어려울 수 있지만, 장기적으로는 손익분기점에 빨리 도달하는 데 큰 도움이 된다. 예를 들어, 사무실 공간을 공유하거나, 비핵심 업무를 아웃소싱하는 방법이 있다. 투자환경이 나쁠수록 투자자는 스타트업의 비용절감 수준을 들여다 본다.

또, 현금 흐름 관리를 잘 해야 한다. 스타트업의 성공은 안정적인 현금 흐름에 달려 있다고 보아도 과언이 아니다. 초기 매출을 극대화하고, 지출을 면밀히 관리하여 현금 유동성을 확보해야 한다. 이를 위해 고객에게 신속하게 대금을 회수하고, 공급업체와의 결제 조건을 조율하는 것이 중요하다.

불필요한 시간과 자원을 절약하기 위해서는 제품이나 서비스가 시장에서 실제로 얼마나 잘 받아들여질지를 빠르게 검증해야 한다. 초기 고객의 피드백을 적극적으로 반영하고, 필요한 경우 제품이나 서비스를 조정해야 한다. 피보팅 과정이 필요하다. 이 과정을 빠르게 정착시켜야 수익 모델이 확립된다. 핵심은 고객이 기꺼이 돈을 지불할 가치를 제공하고 있느냐에 달려 있다.

있는 법(法)은 지키고
필요하면 법을 만들어라

 현대 사회는 법과 규제가 공정한 경쟁과 질서 유지를 위한 기본 틀을 제공한다. 기업과 개인 모두가 법을 준수하는 것은 사회적 책임이자 안정된 사회를 유지하는 중요한 요소이다. 그러나 법이 모든 상황을 완벽히 포괄하지 못한다는 것은 공지의 사실이다. 새로운 기술이 등장할 때, 이들이 비즈니스로 성장할 수 있는 법규가 미비하거나 아예 존재하지 않는 때도 있다.

 법을 준수하는 것은 사회적 신뢰를 쌓는 기본적인 방법이다. 법을 지키지 않으면 법적 처벌을 받을 뿐만 아니라, 사회적 신뢰를 잃고 기업이나 개인의 명성이 훼손될 수 있다. 이는 장기적으로 비즈니스의 지속 가능성에도 악영향을 미친다. 예를 들어, 회계 부정이나 환경 규제 위반 등으로 인해 많은 기업이 심각한 타격을 입은 사례를 흔히 보게 된다.

하지만 모든 상황을 법이 완벽히 다루지 못하는 때도 있다. 특히, 기술의 발전과 함께 새로운 산업이 등장하면서 기존의 법규가 이를 충분히 규제하지 못하는 상황이 발생한다. 예를 들어, 드론 기술의 발달로 인한 프라이버시 문제, 자율주행차의 법적 책임 문제 등이 이에 해당한다. 이런 경우, 새로운 법규의 제정이 필요하다.

새로운 법이 필요할 때, 이를 주도적으로 만들어가는 것은 매우 중요하다. 이는 단순히 자기 이익을 위한 것이 아니라, 새로운 산업의 건강한 성장을 돕고, 공정한 경쟁 환경을 조성하기 위한 것이다. 이를 위해서는 다음과 같은 전략이 필요하다.

새로운 법을 만들어 안되면 되게하라

같은 산업에 종사하는 기

업들과 협력하여 공동의 이익을 대변할 수 있는 단체를 구성하는 것도 생각해보아야 한다. 이를 통해 집단의 힘을 모아 정부나 입법 기관에 새로운 법의 필요성을 효과적으로 전달할 수 있다.

또 법률 전문가와 협력하여 새로운 법이 필요한 이유와 그 법이 가져올 긍정적인 영향을 구체적으로 설명할 수 있어야 한다. 이는 입법 과정을 보다 원활하게 진행하는 데 큰 도움이 된다. 그뿐만 아니라 새로운 법을 제안하기 위해서는 철저한 연구가 필요하다. 기존 법규의 한계와 문제점을 분석하고, 새로운 법이 어떻게 이러한 문제를 해결할 수 있는지 구체적으로 제안할 수 있어야 한다. 이를 통해 입법자들이 새로운 법의 필요성을 쉽게 이해하고 수용할 수 있다.

이와 함께, 공공 캠페인을 벌이고 여론을 형성하는 일에도 적극적으로 참여해야 한다. 새로운 법의 필요성을 널리 알리고, 공감을 얻기 위해 공공 캠페인을 진행하는 것도 필요하다. 미디어를 활용한 홍보와 공청회 등을 통해 여론을 형성하고, 입법자들에게 스타트업의 고충을 전달할 수 있다.

다양한 사례들이 이러한 전략의 중요성을 보여준다.

예를 들어, 핀테크 산업의 발전으로 인해 새로운 금융 서비스가 등장하면서 기존 금융 규제가 이를 충분히 다루지 못했다. 이에 핀테크 기업들은 협회와 단체를 통해 새로운 규제와 법 환경의 필요성을 강조하고, 정부와 협력하여 새로운 법을 제정하는 데 성공했다. 이는 핀테크 산업의 건강한 성장을 촉진하고, 소비자 보호를 강화하는 데 이바지했다.

5차산업혁명과 관련한 비즈니스를 하려는 스타트업의 경우, 관련 비즈니스를 하는 기존 기업들과 대립과 마찰이 염려된다. 이런 경우에 동종의 비즈니스를 추구하는 스타트업들 끼리 소통을 자주해야 한다. 필요하면 미래에 필요한 가치를 설명하고 관련 법적 환경을 바꾸는 노력도 필요하다.

겉으로는 IPO를 외치고, 속으로는 M&A를 생각해라

스타트업 창업자들에게 성공의 지표 중 하나는 주식상장(IPO)이다. IPO를 통해 회사는 대규모 자금을 조달하고, 브랜드 가치를 높이며, 시장에서의 입지를 강화할 수 있다. 그러나 IPO만이 성공적인 출구 전략은 아니다. 창업자들이 다양한 출구 전략을 염두에 두어야 한다. M&A(인수합병) 역시 스타트업의 성공적인 출구 전략임을 인식해야 한다.

주식상장(IPO)은 많은 스타트업이 꿈꾸는 최종 목표다. 기업이 시장에 상장되면, 대규모 자본을 조달할 수 있고, 이를 통해 사업을 확장하고, 연구개발을 강화할 수 있다. 또한, 상장 과정에서 회사의 투명성과 신뢰성을 높일 수 있고, 상장되면 인재 유치에도 긍정적인 영향을 미친다.

IPO는 어렵고 시간이 걸린다

IPO를 준비하는 과정에서 엄격한 규제를 준수하는 비즈니스 프랙티스를 확립하게 된다. 재무 투명성이 확보된다. 개인들이 주식을 거래할 수 있는 안전장치 등이 확보된다. IPO의 효과는 크지만, IPO는 시간이 오래 걸리고 비용이 많이 들기 때문에, 모든 스타트업에게 적합한 출구 전략은 아닐 수도 있다.

M&A는 IPO에 비해 더 빠르고 덜 복잡한 출구 전략이 된다. 대기업은 종종 기술혁신을 확보하고 시장 점유율을 확대하기 위해 스타트업을 인수한다. 이는 스타트업에게 매력적인 옵션이다. M&A를 통해 창업자와 투자자는 빠르게 수익을 실현할 수 있으며, 회사의 지속 가능성을 보장받을 수 있다.

이를 위해서는 업계 내에서 활발한 네트워킹을 통해

잠재적 인수자와의 관계를 미리 구축하는 것이 중요하다. 관계 구축을 통해 시장의 동향을 파악하고, 인수 합병의 가능성도 높일 수 있다. 인수 합병을 염두에 둔 스타트업은 재무관리에 IPO만큼 신경 써야 한다. 투명하고 신뢰할 수 있는 재무 상태는 잠재적 인수자에게 긍정적인 신호를 보낼 뿐 아니라 곧 더 높은 기업가치를 평가받는 데 도움이 된다. 물론 M&A 시간도 단축된다.

일반적으로 인수 합병의 주요 목적 중 하나는 스타트업이 보유한 독창적인 기술과 자산이다. 이에 스타트업이 기술과 다른 자산을 법적으로 문제가 없도록 보호해 놓는 관리가 중요하다. 특허, 상표 등 지적 재산권을 해외시장으로 넓혀 놓고, 핵심 기술을 지속해서 발전시키기 위해 해외 유명 기관과 공동 연구 등은 좋은 전략이다.

한편, 잠재적 인수자들이 주로 어떤 기술과 시장에 관을 가지려는지를 분석해 두어야 한다. 이를 바탕으로 자사의 강점과 잠재력을 부각하는 전략을 세울 수 있기 때문이다. 인스타그램은 페이스북에 인수되며 창업자와 초기 투자자들에게 큰 수익을 안겨주었다. 인스타그램은 독자적으로 IPO를 추진할 수 있는 능력을 갖추고 있었지만, 페이스북과의 시너지를 통해 더 큰 성장을 이룰 수 있다고 판단했기 때문이다. 유튜브 역시 구글에 인수되며 글로벌 미디어 플랫폼으로 성장했다. 구글의 인프라와 자원을 통해 유튜브는 독자적으로 달성하기 어려운 성과를 이루었고, 이는 인수 합병의 강점을 잘 보여주는 사례로 꼽는다.

'돈'의 흐름,
Hungry 그리고 Foolish

 현대의 경제환경은 급변하고 있다. 기술의 발전, 세계화, 시장의 변동성 등 여러 요소가 얽혀있는 이 복잡한 환경에서 성공을 이루기 위해서는 단순한 노력과 열정만으로는 부족하다. 스티브 잡스가 스탠퍼드 대학교 졸업식에서 이야기한 "Stay Hungry, Stay Foolish"는 이러한 환경에서 성공하기 위한 중요한 지침을 제공한다. 그러나 이를 실천하기 위해서는 돈의 흐름을 정확히 파악하고 이를 바탕으로 전략을 수립하는 것이 필수적이다.

 돈의 흐름을 이해하는 것은 모든 비즈니스의 기본이

다. 이는 단순히 수익과 지출을 파악하는 것을 넘어, 자본의 유입과 유출, 투자와 비용의 효율성 등을 종합적으로 분석하는 것을 의미한다.

더 나아가 매크로 경제환경을 살피자는 의미를 포함한다. 매크로 경제는 사이클 과정의 반복으로도 파악된다. 이 반복과정에서 지금 경제 상황이 어디에 있는지를 파악하는 것까지 의미한다. 그래야 기회 요소를, 위험 요소를 사전에 파악할 수 있으니까. 예를 들어, 한 스타트업이 신제품을 출시하려고 할 때, 자본이 어느 시점에 필요한지, 어떤 비용이 발생할지, 그리고 예상 수익은 어느 정도인지 명확히 이해해야 한다. 그리고 그 이상의 매크로 경제 사이클까지 파악해야 한다. 이를 통해 자금 조달 계획을 세우고, 필요시 추가 자본을 확보하는 등 적절한 대응을 할 수 있다.

스티브 잡스의 "Stay Hungry"는 끊임없이 배고파하라는 의미로, 항상 새로운 기회를 탐색하고, 더 나은 것을 추구하라는 메시지를 담고 있다. 이는 비즈니스 세계에서 매우 중요한 자세다. 변화와 혁신이 일상인 현대 경제에서, 기존의 성과에 안주하지 않고 지속해서 성장과 발전을 추구해야 한다. 이를 실천하기 위해서는 시장의 돈 흐름을 면밀히 분석하고, 새로운 기회를 포착하는 능력이 필요하다. 예를 들어, 최신 기술 트렌드를 끊임없이 모니터링하고, 이를 활용한 새로운 제품이나 서비스를 개발하는 것이 중요하다. 또한, 고객의 요구와 시장의 변화를 빠르게 감지하고, 이에 맞춘 전략을 수립하는 것도 필수적이다.

우공이산(愚公移山)

"Stay Foolish"는 어리석어 보이는 것을 두려워하지 말고, 창의적이고 혁신적인 접근을 시도하라는 의미로 해석한다. 이는 종종 전통적인 방법이나 일반적인 상식을 벗어난 아이디어와 실행이 필요하다. 돈의 흐름을 파악한 후, 이를 바탕으로 창의적이고 혁신적인 전략을 수립하는 것이 중요하다. 예를 들어, 기존 시장에서의 경쟁이 치열하다면, 새로운 틈새시장을 개척하거나, 전혀 다른 비즈니스 모델을 도입하는 것을 고려할 수 있다. 이는 초기에는 어리석어 보일 수 있지만, 장기적으로는 큰 성과를 가져올 수 있다. 또한, 실패를 두려워하지 않고 다양한 시도를 통해 혁신을 이루어 나가는 것이 필요하다.

애플은 스티브 잡스의 "Stay Hungry, Stay Foolish" 철학을 통해 많은 혁신을 이루어냈다. 아이폰 출시 전, 애플은 컴퓨터 제조사로만 알려져 있었다. 그러나 잡스는 끊임없이 새로운 기회를 탐색하고, 창의적인 접근을 시도했다. 그 결과, 아이폰은 모바일 기술의 혁신을 이끌며, 애플을 세계적인 기업으로 성장시켰다.

넷플릭스 또한 이러한 철학을 잘 실천했다. DVD 대여 사업에서 스트리밍 서비스로 전환한 것은 당시에는 위험한 시도로 보였지만, 결국 미디어 소비 방식을 혁신하며 큰 성공을 거두었다. 이는 창의적이고 혁신적인 접근을 통해 가능했던 일이다. 그리고 '돈'의 흐름에 편승해야 큰 성공을 만들어낸다.

물 들어오기 전에 노를 젓고 있어야 물들어 오면 앞으로 나간다. 방향이 보이지 않는다고 답답해하지 말자.

마무리

콜럼버스가 신대륙을 발견한 후, 그의 업적을 질투하거나 그 가치를 과소평가하는 사람들이 많았나 보다. 콜럼버스에게 "당신이 신대륙을 발견한 것이 그렇게 대단한 일이 아니다. 누구라도 그렇게 할 수 있었을 것이다."라고 말했다. 이에 콜럼버스는 한 가지 실험을 제안한다. 그는 주위에 있던 사람들에게 달걀을 세울 수 있는지를 물었다. 여러 사람이 시도는 했지만, 달걀이 세워지는 것이 아니다. 당연히 아무도 성공하지 못하자, 콜럼버스는 달걀의 끝을 약간 부딪쳐 깨뜨린 후, 그 깨진 부분을 바닥으로 해서 그 달걀을 세웠다. 달걀이 서 있는 것을 본 사람들은 그것이 매우 간단하다는 것을 깨달았지만, 그전에는 아무도 그 방법을 생각하지 못했다.

우리는 이렇게 "콜럼버스 달걀" 이야기를 가끔 한다. 창의성과 독창성 사례의 좋은 예이다. 또, 어떤 문제의 해결책을 듣고 나면 그것이 매우 간단해 보일 수 있음도 이야기하는 예이다.

이야기를 시작하면 미래가 보인다

필자는 지금 우리 경제·사회에 산적한 문제들을 "5차산업혁명"이라는 개념을 도입해서 이를 추진하는 과정에 몇 가지 문제는 해결될 것이라고 확신한다. 지금의 문제를 이 시점에서 여러 이해관계자를 만족시키면서 풀기는 어렵지만, 미래와 연결하면서 실마리를 찾을 수 있다.

지금의 여러 노출된 문제들을 수평적으로 짜맞추면서 답을 찾으려고 노력하고 있지만, 오히려 이해관계자들이 미래에 원하는 것을 실현할 수 있도록 엮어보자. 이해관계자 모두가 원하는 바를 달성하는 과정을 기획하고 여럿이 약속한 내용을 역할 분담하면서 복잡한 현안을 풀어보자. 수평적인 접근, 횡적인 접근 보다는 미래를 끌어드린 수직적인 접근, 종적인 접근을 해보자. 그 과정에서 앞선 무대에서 주연을 맡은 경제 주체였으면 이제부터는 조연을 기꺼이 맡아주고, 이전에 조연을 맡은 주체라면 앞으로는 주연이 되는 방식으로 룰(rule)을 만들어서 실행해 보자.

지금까지는 정부가 앞에 서는 역할을 했지만, 지금 정부의 의사결정 속도와 공무원들의 전문성으로는 앞으로도 정부가 앞장서서 이끌 수 있을지는 회의적이다. 전개될 세상의 속도가 너무 빠르다. 정부가 따라가는 것이 쉽지 않다. 적지 않은 공무원들이 인정하는 대목이기도 하다. 매 5년마다 정부 부처의 통폐합과 정부 조직개편을 이야기하지만 지난 20여 년간 제대로 된 결과는 없었다. 대부분의 조직구성원이 조직개편을 반기지 않듯이 공무원들도 마찬가지일 테니까. 오히려 민간과 업무를 적절히 나누어 추진하는 방법을 권장한다. 물론 이를 하루아침에 세팅할 수도 없겠지만 이 방향을 권한다. 하나씩 하나씩.

정부가 세상의 속도를 따라가기는 힘들다

정부가 현장과 거리가 멀어지다 보니까 지금 우리 사회가 원하는 방향과 원하는 속도를 정부에 직접 알려주면 좋을 것 같다. 담론을 해보자는 취지이기도 하다. 사회 구성원들이 생각하는 바를 정부가 전달받고 우리 사회의 지도자들이 판단하도록 하면 좋겠다. 매번 사회 구성원들에게 물어보고 투표를 할 수는 없지 않은가. 몇 가지 담론으로 우리 사회 구성원들이 생각하는 것을 모아보자. 과학기술과 경제, 과학기술과 사회를 연결하는 담론을 만들어 보자.

이제 정부는 빅테크 기업을 통제하기 쉽지 않다. 정부는 너무 커진 빅테크 기업이 움직이는 속도를 줄이게 하던지(쉽지 않겠지만), 혁신이라는 동력으로 작은 기업들의 역량을 키워야 한다. 빅테크 기업이 혁신적인 아이디어로 시작하는 스타트업에 의해 위협을 느끼게 정부가 이 스타트업을 지원하는 전략이 필요하다. 중장기적으로 정부는 이런 혁신생태계를 만들어 가는 역할을 해주어야 한다.

이제는 개인이 나설 시간이다. 이제는 스타트업이 나설 시간이다. 선도형 경제(First Mover)로 가려면 그에 맞는 비즈니스 피라미드 생태계 없이는 불가능하다. 개인, 스타트업의 창의적인 비즈니스가 가능하도록 환경을 만들어주고 피라미드형 비즈니스 생태계의 가장 기본을 담당할 수 있도록 지원해야 한다.

개인, 스타트업이 창의적이고 유연하니까

지난 60~70년 동안 우리나라 기업들이 자산을 축적해 왔다면 이제는 우리 개인이 그리고 스타트업들이 자산을 축적할 수 있는 상황을 만들었으면 좋겠다. 그러면 앞서 지적된 사회의 여러 문제가 풀어진다. 당연히 경제적 양극화도 줄일 수 있다고 생각한다. 물론, 개인과 스타트업들이 분발해야 한다는 조건 하에서 가능하다.

개인과 스타트업이 선도형 경제를 만들려면 비전 있는 개인과 스타트업에 모험자본이 흘러가도록 금융의 물꼬가 만들어져야 한다. 스타트업에 모험자본이 유입되려면 스타트업들이 세계 시장에서 대박을 만들어주면 된다. 닭이 먼저냐, 달걀이 먼저냐 하는 주제가 되기 때문에 정부가 먼저 나서야 한다. 30여 년간 꾸준히 모험자본이 스타트업계에 유입되도록 물꼬를 만들어주어야 한다. 그리고 우리 스타트업이 그 사이에 몇 개의 유니콘으로 변신해야 한다. 10년 주기로 선순환 고리가 완성되면서 명실상부한 스타트업 경제가 완성될 수 있다.

지금 한류가 전 세계에 확산하는 과정이다. 이 한류의 문화적 전개가 우리나라 스타트업에게 큰 힘이 된다. 쿠팡이 나스닥에 상장되고, 네이버의 웹툰이 나스닥에 상장하지 않았는가.

이를 위해서는 피라미드의 같은 계층 내에서 혹은 차상위 계층과 바로 밑의 계층 간 M&A가 많이 활성화되어야 한다. 이를 위한 세제 혜택이 주어져야 한다. 연구개발비를 많이 사용한 스타트업을 인수할 때, 스타트업 기업가치의 상당 부분에 대해 인수 측에서 연구 개발 관련 세제 혜택을 볼 수 있도록 하면 M&A가 더 활성 될 것이다.

한편, 금융은 더욱 모험금융으로 발전해야 한다. 지금 은행들이 떼돈을 번다. 경기가 좋지 않음에도 불구하고 은행의 성적이 아주 좋다. 은행 스스로 노력으로 가치를 만들어냈나? 소위 '예대마진'으로 수익을 몇십조를 내고 이를 성과급으로 나눈다면 보는 이들의 눈살이 찌푸려진다. 이번 기회에 은행의 대규모 수익을 우리나라 모험금융을 키우는 데 활용하는 것을 적극적으로 검토해 주면 좋겠다. 그렇지 않으면 모험금융을 키울 초기자본(Seed Money)을 만들기가 참 어렵다.

선도형경제(First Mover)의 피라미드 생태계 하단 부분을 개인과 스타트업들이 채워야 하는데 모험자본이 유입되어야 성립된다. 오준호 대표(KAIST 기계공학과 명예교수)가 창업한 레인보우로보틱스에 삼성전자가 관심을 가지고 2023년 초 867억 원을 투자하면서 15%의 지분을 확보한 뒤, 2029년까지 콜옵션(매수선택권)으로 계약했다. 창업 10년 동안 VC 등을 통한 모험자본이 유입된 결과이다. 이런 사례가 많아져야 한다.

투자의 수익률이 높은 투자자로 워런 버핏이 유명하다. 그는 가치투자를 하는 것으로 알려져 있다. 장기적인 관점에서 기업의 가치를 평가하고, 그 가치의 높낮이에 따라 투자하는 전략이다. 이런 투자가 실행되도록 지금 VC들이 평가 기준을 바꾸어야 한다. 공적 자금을 운영하는 VC일수록, 자산운용사일수록 '돈 놓고 돈 먹기식'의 투자관행이나 빌려주는 투자방식에서 벗어나야 한다. 이를 지도해야 하는 중기부와 금융위가 현장 정보가 없어서 못 하는 것인지, 방법을 몰라서 안 하는 것인지 궁금하다.

우리나라가 새로운 기회를 만들어 가면서 지금의 여러 문제를 미래로 가는 과정에 고쳐가자는 뜻으로 담론을 제시하였다. 그런데, 항상 그렇듯이 계획은 잘하는데 실행과정이 문제다. 실행을 철저히 해야 성과를 낼 수 있는데 이 실행과정은 또 다른 걱정이다.

정부는 계획수립은 잘하고, 성과관리는 안한다

Chat-GPT에게 고백했다. 필자는 계획하는 것은 잘하는데, 그리고 초기에 실천도 조금은 하는데, 작심삼일이다. 기획하고 계획도 잘 세우는데 실천력이 떨어진다. 어떻게 해야 할까를 물어보았다.

이렇게 답을 해준다. "당신의 고민은 많은 사람이 겪는 문제입니다. 계획을 잘 세우지만, 실천력에서 어려움을 겪는 상황은 매우 일반적입니다. 이 문제를 해결하기 위해 다음과 같은 방법들을 고려해볼 수 있습니다. 큰 목표는 부담감을 줄 수 있습니다. 목표를 작은 단위로 나눠보세요. 하루나 주 단위로 실천할 수 있는 작은 목표를 세우면 실행에 대한 부담이 줄어들고 성취감을 느낄 수 있습니다.

작은 성취가 쌓이면 큰 목표도 자연스럽게 달성될 가능성이 커집니다.

그리고 스스로 의지만으로 실천이 어렵다면 외부의 도움을 받을 방법을 고려하세요. 예를 들어 당신의 목표를 누군가와 공유하고, 그 사람이 당신의 진행 상황을 체크하도록 요청하세요. 상대방에게 진척 상황을 보고해야 한다는 생각이 실천을 자극할 수 있습니다. 일정표에 시간을 지정하고 그 시간 동안 특정 작업만 수행하도록 하세요. 다른 일이 그 시간에 끼어들지 않도록 하는 것이 중요합니다. 목표 달성 도구나 생산성 앱을 활용하여 진행 상황을 추적하고 알림을 받는 것도 실천을 촉진하는 데 도움이 됩니다.

"5차산업혁명을 꿈꾸면서 작은 목표로 '담론'을 책으로 출판하자, 그리고 이를 알리자, 그리고 담론을 누군가 실행하고 있는지도 함께 모니터링할 수 있는 상황이 만들어지면 좋겠다." 혼자 하기는 힘들고 여럿이 함께 대열을 만들어가야 할 수 있을 것 같다. "나무가 나무에게 말했습니다. 우리 더불어 숲이 되어 지키자." (서울 남골 쇠귀) 감사합니다.

이제 5차산업혁명을 꿈꾸자
너는 뭐먹고 살거니

초판 1쇄 인쇄 2024년 10월 10일
초판 1쇄 발행 2024년 10월 15일

지은이 임윤철
펴낸이 임윤철

책임편집 이송미 **디자인** 조혜영

펴낸곳 기술과가치 **출판등록** 2013년 3월 11일 제2013-000049호
주소 서울특별시 강남구 영동대로 602, 6층 지82호
전화 02-3479-5034
이메일 ynchllim@gmail.com
홈페이지 www.changjoagora.com

ISBN 979-11-952893-5-6

- 책값은 뒤표지에 있습니다.
- 파본은 구입하신 서점에서 교환해 드립니다.
- 이 책은 저작권법에 의하여 보호받는 저작물이므로 무단전재와 복제를 금합니다.
- 이 도서의 국립중앙도서관 출판도서목록(CIP)은 서지정보유통지원시스템 홈페이지
  (https://www.nl.go.kr/seoji)와 국가자료공동목록시스템(https://www.nl.go.kr/kolisnet)
  에서 이용하실 수 있습니다.